Cambridge Plain Texts

J. M. R. LENZ
DIE SOLDATEN

J. M. R. LENZ

DIE SOLDATEN

CAMBRIDGE
AT THE UNIVERSITY PRESS
1950

CAMBRIDGE UNIVERSITY PRESS
Cambridge, New York, Melbourne, Madrid, Cape Town,
Singapore, São Paulo, Delhi, Mexico City

Cambridge University Press
The Edinburgh Building, Cambridge CB2 8RU, UK

Published in the United States of America by Cambridge University Press, New York

www.cambridge.org
Information on this title: www.cambridge.org/9781107643062

First published 1950
Re-issued 2013

A catalogue record for this publication is available from the British Library

ISBN 978-1-107-64306-2 Paperback

EINLEITUNG

"Es ist eine wahre Geschichte, aber maskiert" schrieb Lenz im August 1775 an Herder, und einige Monate später, im März 1776: "Das Mädchen, das die Hauptfigur meiner 'Soldaten' ausmacht, lebt gegenwärtig in süßer Erwartung, ihren Bräutigam, [der] ein Offizier ist, getreu wiederkehren zu sehen. Ob der's thut oder sie betrügt, steht bei Gott."

In diesem Stück berührte Lenz einen wunden Punkt in der damaligen Gesellschaft. Er wurde dazu durch Ereignisse veranlaßt, die sich in seiner nächsten Umgebung abgespielt hatten, unter Menschen die er liebte. Jakob Michael Reinhold Lenz (1751–1792), ein Pfarrerssohn aus Seßwegen (lettisch Cesvaine) in Livland, war in Gesellschaft mit zwei Edelleuten aus Kurland, den Brüdern Friedrich Georg und Ernst Nicolaus von Kleist, durch Deutschland gereist und 1771 mit ihnen nach Straßburg gekommen, wo sie in französische Dienste zu treten gedachten. Er blieb bis 1776 in Straßburg, wo er mit Goethe bekannt wurde, und in Gesellschaft der beiden jungen Offiziere hatte er ausgiebige Gelegenheit, das damalige Soldatenleben kennenzulernen. 1772 begleitete er Ernst Nicolaus von Kleist mit seinem Regimente nach Fort-Louis und Landau und kam im Herbst nach Straßburg zurück, wo der ältere Bruder, Friedrich Georg, inzwischen nähere Bekanntschaft mit einer Straßburger Bürgersfamilie angeknüpft hatte. Es war die Familie des Juweliers J. P. Fibich. Im Oktober 1773 wurde ein Ehekontrakt geschlossen zwischen Friedrich Georg von Kleist und der zweiten Tochter des Hauses, Susanna Cleophe Fibich, einer Freundin Friederike Brions. Es handelte sich also um ein "promesse de mariage", wie in den *Soldaten* (III, 3). Kurz nachher mußte der ältere Kleist nach Kurland zurück. Inzwischen war ein dritter Bruder, Christoph von Kleist, nach Straßburg gekommen, der nach der Abreise Friedrich Georgs dessen Stelle bei der schönen Cleophe zu vertreten suchte. Darüber ist er mit Lenz in Konflikt geraten, worauf dieser, der auch eine aussichtslose Neigung zu Cleophe Fibich hegte, sich von ihm trennte. Friedrich Georg kehrte nicht zurück, sodaß Lenz den Verdacht hegte, daß er den Kontrakt gebrochen hätte: "Ob der's thut oder sie betrügt, steht bei Gott." Er wußte genug vom Offiziersleben, um die möglichen Folgen eines Kontraktbruches vorauszusehen, und seine Neigung zu Cleophe ließ ihn großen Anteil an ihrem Schicksal nehmen. So entstanden *Die Soldaten,* "in den innersten Tiefen meiner Seele aufempfunden und geweissagt", wie er an Herder schrieb. Im Sommer 1775 war sein Drama abgeschlossen. Im September 1776 heiratete Friedrich Georg von Kleist Anna Margaretha Hedwig von Rutenberg aus Welden in Kurland. Was Lenz befürchtete war geschehen; die traurigen Folgen aber, die er in seinem Stück "geweissagt" und dargestellt hatte, blieben glücklicherweise aus. Trotzdem mußte die Parallele (Wesener = Juwelier Fibich; Marie = Cleophe Fibich; Desportes = Friedrich Georg von Kleist; Mary = Christoph von Kleist) in Straßburg in die Augen fallen, sodaß Lenz fürchtete, eine voreilige Veröffentlichung könnte der Familie Fibich schaden. Als er das Stück am 23. Juli 1775 an Herder schickte, bestand er darauf, daß es vor einem Jahre nicht gedruckt werden dürfte. Der Leipziger Verleger Reich, den Herder für das Werk zu interessieren wußte, wollte es anders. Schon am 25. Februar 1776 waren die ersten vier Akte gedruckt; Lenz wollte sich hinter einem Pseudonym, "Theobald

vi

Steenkerk aus Amsterdam", verbergen, doch erschien das Stück noch im Frühling anonym. Auch das konnte Lenz nicht genügen, und er ruhte nicht, bis er den Dichter F. M. Klinger dazu gebracht hatte, sich für den Autor auszugeben. Trotz seiner Bemühungen gelangten einige Exemplare doch nach Straßburg, wo sie tatsächlich Aufsehen erregten. Cleophe Fibich hielt jedoch ihrem Verlobten die Treue und starb unverheiratet und allgemein angesehen im Dezember 1820.

Die Schilderung des Soldatenlebens bei Lenz bildet die Kehrseite zu Lessings *Minna von Barnhelm*. "O Soldatenstand, furchtbare Ehlosigkeit, was für Karikaturen machst du aus den Menschen" — diesen Satz muß man neben dem Ausspruch Friedrichs des Großen halten: "Wenn Huzaren Weiber nehmen So seindt sie selten noch einen Schuß pulver wert", um die Tragweite des Problems zu erkennen. Lenz, mit seinem untrüglichen Blick für das Aktuelle, mit seiner von Goethe bewunderten Gabe, "die Poesie in das Gemeinste zu legen", hatte das Uebel, das seinen Freunden drohte, klar erkannt und allgemein formuliert. Jede einzelne Szene ist hervorragend konzipiert und ausgeführt; der Aufbau der kontrastierenden Szenen ist auch nicht so chaotisch, wie es am ersten Blick erscheint. Auch in "das Gemeinste" noch ist hier Poesie gelegt. Die Abhilfe aber, die Lenz in der letzten Szene vorschlägt, ist ein Zeugnis jener Phantastik, die sein Freund Goethe so sehr an ihm rügte; der merkwürdige Vorschlag einer staatlichen Pflegestätte für Soldatenweiber war aber offenbar sein Ernst, denn er vertrat ihn in einer späteren, fragmentarisch gebliebenen Schrift *Ueber die Soldatenehen*.

Lenz erkannte ganz klar die Schwächen seiner Dramen: "Alle meine Stücke sind große Erzgruben, die ausgepocht, ausgeschmolzen und in

Schauspiele erst verwandelt werden müssen, so daß alle die Handlungen [ein] aneinanderhängendes Bild machen."

Bibliographie: Unser Text ist ein Abdruck der Ausgabe: Jakob Michael Reinhold Lenz, *Gesammelte Schriften,* herausgegeben von Franz Blei, Band III (München und Leipzig, Verlag Georg Müller, 1910). Den biographischen Hintergrund zu den *Soldaten* findet man bei J. Froitzheim, *Lenz, Goethe und Cleophe Fibich von Straßburg,* Straßburg 1888, sowie im *Tagebuch* Lenzens (*Ges. Schriften,* Band V), den sozialen bei Clara Stockmeyer, *Soziale Probleme im Drama des Sturmes und Dranges,* Frankfurt am Main, 1922. Die beste Gesamtinterpretation der *Soldaten* ist bei Heinz Kindermann, *J. M. R. Lenz und die deutsche Romantik,* Wien und Leipzig, 1925, zu finden. Als Biographie behauptet das Werk des Russen M. N. Rosanow, *Jakob M. R. Lenz* (deutsch von C. von Gütschow), Leipzig 1909, immer noch das Feld. Lenz' Schrift *Über die Soldatenehen* wurde 1914 von Karl Freye herausgegeben.

LEONARD FORSTER

DIE SOLDATEN

Ein Schauspiel

PERSONEN

WESENER, ein Galanteriehändler in Lille.

FRAU WESENER, seine Frau.

MARIE,
CHARLOTTE, } ihre Töchter.

STOLZIUS, Tuchhändler in Armentieres.

Seine MUTTER.

DESPORTES, ein Edelmann aus dem französischen Hennegau, in französischen Diensten.

Der GRAF VON SPANNHEIM, sein Obrister.

PIRZEL, ein Hauptmann.

EISENHARDT, Feldprediger.

HAUDY,
RAMMLER, } Offiziers.
MARY,

Die GRÄFIN DE LA ROCHE.

Ihr SOHN.

FRAU BISCHOF.

Ihre KUSINE

und ANDERE.

Der Schauplatz ist im französischen Flandern

ERSTER AKT

ERSTE SZENE. *In Lille.*

MARIE. CHARLOTTE.

MARIE (*mit untergestütztem Kopf einen Brief schreibend*). Schwester, weißt du nicht, wie man schreibt Madam, "*Ma* ma, *tamm* tamm, *me* me".

CHARLOTTE (*sitzt und spinnt*). So 'st recht.

MARIE. Hör', ich will dir vorlesen, ob's so angeht, wie ich schreibe: "Meine liebe Matamm! Wir sein gottlob glücklich in Lille arriviert"; ist's recht so arriviert: *ar* ar, *riew wiert*?

CHARLOTTE. So 'st recht.

MARIE. "Wir wissen nicht, womit die Gütigkeit nur verdient haben, womit uns überschüttet, wünschte nur imstand zu sein" ist so recht?

CHARLOTTE. So lies doch, bis der Verstand aus ist.

MARIE. "Ihro alle die Politessen und Höflichkeit wieder zu erstatten. Weil aber es noch nicht in unsern Kräften steht, als bitten um fernere Kontinuation."

CHARLOTTE. Bitten wir um fernere.

MARIE. Laß doch sein, was fällst du mir in die Rede.

CHARLOTTE. Wir bitten um fernere Kontinuation.

MARIE. Ei, was red'st du doch, der Papa schreibt ja auch so. (*Macht alles geschwind wieder zu und will den Brief versiegeln.*)

CHARLOTTE. Nu, so les' Sie doch aus.

MARIE. Das übrige geht dich nichts an. Sie will allesfort klüger sein, als der Papa; letzthin sagte

3

der Papa auch, es wäre nicht höflich, wenn man immer wir schriebe, und ich und so dergleichen. (*Siegelt zu.*) Da Steffen (*gibt ihm Geld*) tragt den Brief auf die Post.

CHARLOTTE. Sie wollt' mir den Schluß nicht vorlesen, gewiß hat Sie da was Schönes vor den Herrn Stolzius.

MARIE. Das geht dich nichts an.

CHARLOTTE. Nu seht doch, bin ich denn schon schalu darüber gewesen? Ich hätt' ja ebensogut schreiben können, als du, aber ich habe dir das Vergnügen nicht berauben wollen, deine Hand zur Schau zu stellen.

MARIE. Hör', Lotte, laß mich zufrieden mit dem Stolzius, ich sag' dir's, oder ich geh' gleich herunter, und klag's dem Papa.

CHARLOTTE. Denk doch, was mach ich mir daraus, er weiß ja doch, daß du verliebt in ihn bist, und daß du's nur nicht leiden kannst, wenn ein andrer ihn nur mit Namen nennt.

MARIE. Lotte! (*Fängt an zu weinen und läuft herunter.*)

ZWEITE SZENE. *In Armentieres.*

STOLZIUS (*und seine*) MUTTER.

STOLZIUS (*mit verbundenem Kopf*). Mir ist nicht wohl, Mutter!

MUTTER (*steht eine Weile und sieht ihn an*). Nu, ich glaube, Ihm steckt das verzweifelte Mädel im Kopf, darum tut er ihm so weh. Seit sie weggereist ist, hat er keine vergnügte Stunde mehr.

STOLZIUS. Aus Ernst, Mutter, mir ist nicht recht.

MUTTER. Nu, wenn du mir gute Worte gibst, so will ich dir das Herz wohl leichter machen. (*Zieht einen Brief heraus.*)

4

STOLZIUS (*springt auf*). Sie hat Euch geschrieben?

MUTTER. Da, kannst du's lesen. (*Stolzius reißt ihn ihr aus der Hand und verschlingt den Brief mit den Augen.*) Aber hör, der Obrist will das Tuch ausgemessen haben für die Regimenter.

STOLZIUS. Laßt mich den Brief beantworten, Mutter.

MUTTER. Hans Narr, ich rede vom Tuch, das der Obrist bestellt hat für die Regimenter. Kommt denn —

DRITTE SZENE. *In Lille.*

MARIE. DESPORTES.

DESPORTES. Was machen Sie denn da, meine göttliche Mademoiselle?

MARIE (*die ein Buch weiß Papier vor sich liegen hat, auf dem sie kritzelte, steckt schnell die Feder hinters Ohr*). O nichts, nichts, gnädiger Herr — (*lächelnd*) Ich schreib' gar zu gern.

DESPORTES. Wenn ich nur so glücklich wäre, einen von Ihren Briefen, nur eine Zeile von Ihrer schönen Hand zu sehen.

MARIE. O verzeihen Sie mir, ich schreibe gar nicht schön, ich schäme mich von meiner Schrift zu weisen.

DESPORTES. Alles, was von einer solchen Hand kommt, muß schön sein.

MARIE. O Herr Baron, hören Sie auf, ich weiß doch, daß das alles nur Komplimenten sind.

DESPORTES (*knieend*). Ich schwöre Ihnen, daß ich noch in meinem Leben nichts Vollkommeners gesehen habe, als Sie sind.

MARIE (*strickt, die Augen auf ihre Arbeit niedergeschlagen*). Meine Mutter hat mir doch gesagt — sehen Sie, wie falsch Sie sind.

DESPORTES. Ich falsch? Können Sie das von mir glauben, göttliche Mademoiselle? Ist das falsch, wenn ich mich vom Regiment wegstehle, da ich mein Semestre doch verkauft habe, und jetzt riskiere, daß, wenn man erfährt, daß ich nicht bei meinen Eltern bin, wie ich vorgab, man mich in Prison wirft, wenn ich wiederkomme — ist das falsch, nur um das Glück zu haben, Sie zu sehen, Vollkommenste?

MARIE (*wieder auf ihre Arbeit sehend*). Meine Mutter hat mir doch oft gesagt, ich sei noch nicht vollkommen ausgewachsen, ich sei in den Jahren, wo man weder schön noch häßlich ist.

WESENER (*tritt herein*).

WESENER. Ei, sieh doch! gehorsamer Diener, Herr Baron, wie kommt's denn, daß wir wieder einmal die Ehre haben? (*Umarmt ihn.*)

DESPORTES. Ich bin nur auf einige Wochen hier, einen meiner Verwandten zu besuchen, der von Brüssel angekommen ist.

WESENER. Ich bin nicht zu Hause gewesen, werden verzeihen, mein Marieel wird Sie ennuyiert haben; wie befinden sich denn die werten Eltern, werden die Tabatieren doch erhalten haben —

DESPORTES. Ohnezweifel, ich bin nicht bei ihnen gewesen. Wir werden auch noch eine Rechnung miteinander haben, Vaterchen.

WESENER. O das hat gute Wege, es ist ja nicht das erstemal. Die gnädige Frau sind letzten Winter nicht zu unserm Karnaval herabgekommen.

DESPORTES. Sie befindet sich etwas unpaß — waren viel Bälle?

WESENER. So, so, es ließ sich noch halten — Sie wissen, ich komme auf keinen, und meine Töchter noch weniger.

DESPORTES. Aber ist denn das auch erlaubt,

Herr Wesener, daß Sie Ihren Töchtern alles Vergnügen so versagen? Wie können sie dabei gesund bleiben?

WESENER. O wenn sie arbeiten, werden sie schon gesund bleiben. Meinem Marieel fehlt doch, Gott sei Dank, nichts, und sie hat immer rote Backen.

MARIE. Ja, das läßt sich der Papa nicht ausreden, und ich krieg doch so bisweilen so eng um das Herz, daß ich nicht weiß, wo ich vor Angst in der Stube bleiben soll.

DESPORTES. Sehn Sie, Sie gönnen Ihr Mademoiselle Tochter kein Vergnügen, und das wird noch einmal Ursache sein, daß sie melankolisch werden wird.

WESENER. Ei was, sie hat Vergnügen genug mit ihren Kamerädinnen; wenn sie zusammen sind, hört man sein eigen Wort nicht.

DESPORTES. Erlauben Sie mir, daß ich die Ehre haben kann, Ihre Mademoiselle Tochter einmal in die Komödie zu führen. Man gibt heut ein ganz neues Stück.

MARIE. Ach Papa!

WESENER. Nein — Nein, durchaus nicht, Herr Baron! Nehmen Sie mir's nicht ungnädig, davon kein Wort mehr. Meine Tochter ist nicht gewohnt, in die Komödie zu gehen, das würde nur Gerede bei den Nachbarn geben, und mit einem jungen Herrn von den Milizen dazu.

DESPORTES. Sie sehen, ich bin im Bürgerskleide, wer kennt mich.

WESENER. *Tant pis!* ein für allemal, es schickt sich mit keinem jungen Herren; und denn ist es auch noch nicht einmal zum Tisch des Herrn gewesen und soll schon in die Komödie und die Staatsdame machen. Kurz und gut, ich erlaube es nicht, Herr Baron.

7

MARIE. Aber Papa, wenn den Herrn Baron nun niemand kennt!

WESENER (*etwas leise*). Willstu's Maul halten? niemand kennt, *tant pis* wenn ihn niemand kennt. Werden pardonnieren, Herr Baron! so gern als Ihnen den Gefallen tun wollte, in allen andern Stücken haben zu befehlen.

DESPORTES. A propos, lieber Wesener! wollten Sie mir doch nicht einige von Ihren Zitternadeln weisen?

WESENER. Sogleich. (*Geht heraus.*)

DESPORTES. Wissen Sie was, mein englisches, mein göttliches Marieel, wir wollen Ihrem Vater einen Streich spielen. Heut geht es nicht mehr an, aber übermorgen geben sie ein fürtreffliches Stück, *La Chercheuse d'Esprit*, und die erste Piece ist der *Deserteur* — haben Sie hier nicht eine gute Bekannte?

MARIE. Frau Weyher.

DESPORTES. Wo wohnt sie?

MARIE. Gleich hier, an der Ecke beim Brunnen.

DESPORTES. Da komm ich hin, und da kommen Sie auch hin, so gehn wir miteinander in die Komödie.

(*Wesener kommt mit einer großen Schachtel Zitternadeln. Marie winkt Desportes lächelnd zu.*)

WESENER. Sehen Sie, da sind zu allen Preisen — Diese zu hundert Talern, diese zu funfzig, diese zu hundertfunfzig, wie es befehlen.

DESPORTES (*besieht eine nach der andern, und weist die Schachtel Marien*). Zu welcher rieten Sie mir? (*Marie lächelt, und sobald der Vater beschäftigt ist, eine herauszunehmen, winkt sie ihm zu.*)

WESENER. Sehen Sie, die spielt gut, auf meine Ehr.

DESPORTES. Das ist wahr. (*Hält sie Marien an den Kopf.*) Sehen Sie auf so schönem Braun, was das für eine Wirkung tut. O hören Sie, Herr Wesener, sie steht Ihrer Tochter gar zu schön, wollen Sie mir die Gnade tun und sie behalten?

WESENER (*gibt sie ihm lächelnd zurück*). Ich bitte Sie, Herr Baron — das geht nicht an — meine Tochter hat noch in ihrem Leben keine Präsente von den Herren angenommen.

MARIE (*die Augen fest auf ihre Arbeit geheftet*). Ich würde sie auch zudem nicht haben tragen können, sie ist zu groß für meine Frisur.

DESPORTES. So will ich sie meiner Mutter schicken. (*Wickelt sie sorgfältig ein.*)

WESENER (*indem er die andern einschachtelt, brummt etwas heimlich zu Marien*). Zitternadel du selber! sollst in deinem Leben keine auf den Kopf bekommen, das ist kein Tragen für dich. (*Sie schweigt still und arbeitet fort.*)

DESPORTES. So empfehle ich mich denn, Herr Wesener! Eh ich wegreise, machen wir richtig.

WESENER. Das hat gute Wege, Herr Baron, das hat gute Wege, sein Sie so gütig, und tun uns einmal wieder die Ehre an.

DESPORTES. Wenn Sie mir's erlauben wollen — Adieu Jungfer Marie! (*Geht ab.*)

MARIE. Aber sag Er mir doch, Papa, wie ist Er denn auch!

WESENER. Na, hab ich's dir schon wieder nicht recht gemacht. Was verstehst du doch von der Welt, dummes Keuchel.

MARIE. Er hat doch gewiß ein gutes Gemüt, der Herr Baron.

WESENER. Weil er dir ein paar Schmeicheleien und so und so — Einer ist so gut wie der andere, lehr' du mich die jungen Milizen nit kennen. Da laufen sie in alle Aubergen und in alle Kaffeehäuser, und erzählen sich, und eh man sich's versieht, wips ist ein armes Mädel in der Leute Mäuler: Ja, und mit der und der Jungfer ist's auch nicht zum besten bestellt, und die und die kenne ich auch, und die hätt' ihn auch gern drin.

MARIE. Papa! (*Fängt an zu weinen.*) Er ist auch immer so grob.

WESENER (*klopft sie auf die Backen*). Du mußt mir das so übel nicht nehmen, du bist meine einzige Freude, Narr, darum trag ich auch Sorge für dich.

MARIE. Wenn Er mich doch nur wollte für mich selber sorgen lassen. Ich bin doch kein klein Kind mehr.

VIERTE SZENE. *In Armentieres.*

(*Der Obriste Graf*) SPANNHEIM (*am Tisch mit seinem Feldprediger*) EISENHARDT, (*einem jungen Grafen, seinem Vetter, und dessen Hofmeister*), HAUDY (*Untermajor*), MARY (*und andern Offiziers*).

DER JUNGE GRAF. Ob wir nicht bald wieder eine gute Truppe werden herbekommen?

HAUDY. Das wäre zu wünschen, besonders für unsere junge Herren. Man sagt, Godeau hat herkommen wollen.

HOFMEISTER. Es ist doch in der Tat nicht zu leugnen, daß die Schaubühne eine fast unentbehrliche Sache für eine Garnison ist, *c'est à dire* eine Schaubühne, wo Geschmack herrscht, wie zum Exempel auf der Französischen.

EISENHARDT. Ich sehe nicht ab, wo der Nutzen stecken sollte.

OBRISTER. Das sagen Sie wohl nur so, Herr

Pastor, weil Sie die beiden weißen Läppchen unterm Kinn haben; ich weiß, im Herzen denken Sie anders.

EISENHARDT. Verzeihen Sie, Herr Obriste! ich bin nie Heuchler gewesen, und wenn das ein notwendiges Laster für unsern Stand wäre, so dächt ich, wären doch die Feldprediger davon wohl ausgenommen, da sie mit vernünftigeren Leuten zu tun haben. Ich liebe das Theater selber und gehe gern hinein, ein gutes Stück zu sehen, aber deswegen glaube ich noch nicht, daß es ein so heilsames Institut für das Korps Offiziers sei.

HAUDY. Aber um Gotteswillen, Herr Pfaff oder Herr Pfarr, wie Sie da heißen, sagen Sie mir einmal, was für Unordnungen werden nicht vorgebeugt oder abgehalten durch die Komödie. Die Offiziers müssen doch einen Zeitvertreib haben?

EISENHARDT. Mit aller Mäßigung, Herr Major! sagen Sie lieber: was für Unordnungen werden nicht eingeführt unter den Offiziers durch die Komödie.

HAUDY. Das ist nun wieder so in den Tag hinein räsonniert. Kurz und gut, Herr, (*lehnt sich mit beiden Ellenbogen auf den Tisch*) ich behaupte Ihnen hier, daß eine einzige Komödie, und wenn's die ärgste Farce wäre, zehnmal mehr Nutzen, ich sage nicht unter den Offiziers allein, sondern im ganzen Staat, angerichtet hat, als alle Predigten zusammengenommen, die Sie und Ihresgleichen in Ihrem ganzen Leben gehalten haben und halten werden.

OBRISTER (*winkt Haudy unwillig*). Major!

EISENHARDT. Wenn ich mit Vorurteilen für mein Amt eingenommen wäre, Herr Major, so würde ich böse werden. So aber wollen wir alles das beiseite setzen, weil ich weder Sie noch viele von den Herren für fähig halte, den eigentlichen Nutzen unsers Amts in Ihrem ganzen Leben beurteilen zu können, und wollen nur bei der Komödie bleiben, und dem erstaunenden Nutzen, den sie für die Herren vom Korps haben soll. Ich bitte Sie, beantworten Sie mir eine einzige Frage, was lernen die Herren dort?

MARY. Ei was, muß man denn immer lernen, wir amüsieren uns, ist das nicht genug?

EISENHARDT. Wollte Gott, daß Sie sich bloß amüsierten, daß Sie nicht lernten! So aber ahmen Sie nach, was Ihnen dort vorgestellt wird, und bringen Unglück und Fluch in die Familien.

OBRISTER. Lieber Herr Pastor, Ihr Enthusiasmus ist löblich, aber er schmeckt nach dem schwarzen Rock, nehmen Sie mir nicht übel. Welche Familie ist noch je durch einen Offizier unglücklich geworden? — daß ein Mädchen einmal ein Kind kriegt, das es nicht besser haben will.

HAUDY. Eine Hure wird immer eine Hure, gerate sie unter welche Hände sie will; wird's keine Soldatenhure, so wird's eine Pfaffenhure.

EISENHARDT. Herr Major, es verdrießt mich, daß Sie immer die Pfaffen mit ins Spiel mengen, weil Sie mich dadurch verhindern, Ihnen freimütig zu antworten. Sie könnten denken, es mische sich persönliche Bitterkeit in meine Reden, und wenn ich in Feuer gerate, so schwöre ich Ihnen doch, daß es bloß die Sache ist, von der wir sprechen, nicht Ihre Spöttereien und Anzüglichkeiten über mein Amt. Das kann durch alle dergleichen witzige Einfälle weder verlieren noch gewinnen.

HAUDY. Na, so reden Sie, reden Sie, schwatzen Sie, dafür sind wir ja da, wer verbietet es Ihnen?

EISENHARDT. Was Sie vorhin gesagt haben, war

ein Gedanke, der eines Nero oder Oglei Oglu Seele würdig gewesen wäre, und auch da bei seiner ersten Erscheinung vielleicht Grausen würde verursacht haben. Eine Hure wird immer eine Hure — kennen Sie das andere Geschlecht so genau?

HAUDY. Herr, Sie werden es mich nicht kennen lehren.

EISENHARDT. Sie kennen es von den Meisterstücken Ihrer Kunst vielleicht; aber erlauben Sie mir, Ihnen zu sagen, eine Hure wird niemals eine Hure, wenn sie nicht dazu gemacht wird. Der Trieb ist in allen Menschen, aber jedes Frauenzimmer weiß, daß sie dem Triebe ihre ganze künftige Glückseligkeit zu danken hat, und wird sie die aufopfern, wenn man sie nicht drum betrügt?

HAUDY. Red' ich denn von honetten Mädchen?

EISENHARDT. Eben die honetten Mädchen müssen zittern vor Ihren Komödien, da lernen Sie die Kunst, sie malhonett zu machen.

MARY. Wer wird so schlecht denken.

HAUDY. Der Herr hat auch ein verfluchtes Maul über die Offiziers. Element, wenn mir ein anderer das sagte! Meint Er, Herr, denn, wir hören auf, Honetehommes zu sein sobald wir in Dienste treten?

EISENHARDT. Ich wünsche Ihnen viel Glück zu diesen Gesinnungen. Solang ich aber noch entretenierte Mätressen und unglückliche Bürgerstöchter sehen werde, kann ich meine Meinung nicht zurücknehmen.

HAUDY. Das verdiente einen Nasenstüber.

EISENHARDT (steht auf). Herr, ich trag einen Degen.

OBRISTER. Major, ich bitt Euch — Herr Eisenhardt hat nicht unrecht, was wollt Ihr von ihm?

13

Und der erste, der ihm zu nahe kommt — setzen Sie sich, Herr Pastor, er soll Ihnen Genugtuung geben. (*Haudy geht hinaus.*) Aber Sie gehen auch zu weit, Herr Eisenhardt, mit alledem. Es ist kein Offizier, der nicht wissen sollte, was die Ehre von ihm fodert.

EISENHARDT. Wenn er Zeit genug hat, dran zu denken. Aber werden ihm nicht in den neusten Komödien die gröbsten Verbrechen gegen die heiligsten Rechte der Väter und Familien unter so reizenden Farben vorgestellt, den giftigen Handlungen so der Stachel genommen, daß ein Bösewicht dasteht, als ob er ganz neulich vom Himmel gefallen wäre? Sollte das nicht auf-muntern, sollte das nicht alles ersticken, was das Gewissen aus der Eltern Hause mitgebracht haben kann? Einen wachsamen Vater zu be-trügen, oder ein unschuldig Mädchen in Lastern zu unterrichten, das sind die Preisaufgaben, die dort aufgelöst werden.

HAUDY (*im Vorhause mit andern Offiziers: da die Tür aufgeht*). Der verfluchte Schwarzrock —

OBRISTER. Laßt uns ins Kaffeehaus gehn, Pfarrer, Sie sind mir die Revanche im Schach schuldig — und Adjutant! wollten Sie doch dem Major Haudy für heut bitten, nicht aus seiner Stube zu gehen. Sagen Sie ihm, ich werde ihm morgen früh seinen Degen selber wiederbringen.

FÜNFTE SZENE. *In Lille.*

WESENER (*sitzt und speist zu Nacht mit seiner Frau und ältesten Tochter*). MARIE (*tritt ganz geputzt herein*).

MARIE (*fällt ihm um den Hals*). Ach Papa! Papa!

WESENER (*mit vollem Munde*). Was ist's, was fehlt dir?

14

MARIE. Ich kann's Ihm nicht verhehlen, ich bin in der Komödie gewesen. Was das für Dings ist!

(*Wesener rückt seinen Stuhl vom Tisch weg, und kehrt das Gesicht ab.*)

MARIE. Wenn Er gesehen hätte, was ich gesehen habe, Er würde wahrhaftig nicht böse sein, Papa. (*Setzt sich ihm auf den Schoß.*) Lieber Papa, was das für Dings alles durcheinander ist, ich werde die Nacht nicht schlafen können vor lauter Vergnügen. Der gute Herr Baron!

WESENER. Was, der Baron hat dich in die Komödie geführt?

MARIE (*etwas furchtsam*). Ja, Papa — lieber Papa!

WESENER (*stößt sie von seinem Schoß*). Fort von mir, du Luder, — willst die Mätresse vom Baron werden?

MARIE (*mit dem Gesicht halb abgekehrt, halb weinend*). Ich war bei der Weyhern — und da stunden wir an der Tür — (*stotternd*) und da redt' er uns an.

WESENER. Ja, lüg' nur, lüg' nur dem Teufel ein Ohr ab — geh mir aus den Augen, du gottlose Seele.

CHARLOTTE. Das hätt' ich dem Papa wollen voraussagen, daß es so gehen würde. Sie haben immer Geheimlichkeiten miteinander gehabt, sie und der Baron.

MARIE (*weinend*). Willst du das Maul halten.

CHARLOTTE. Denk doch, vor dir gewiß nicht. Will noch kommandieren dazu, und führt sich so auf.

MARIE. Nimm dich nur man selber in acht mit deinem jungen Herrn Heidevogel. Wenn ich mich so schlecht aufführte, als du —

WESENER. Wollt ihr schweigen? (*Zu Marieel.*) Fort in deine Kammer, den Augenblick, du sollst heut nicht zu Nacht essen — schlechte

Seele! (*Marie geht fort.*) Und schweig du auch nur, du wirst auch nicht engelrein sein. Meinst du, kein Mensch sieht, warum der Herr Heidevogel so oft ins Haus kommt?

CHARLOTTE. Das ist alles des Marieel Schuld. (*Weint.*) Die gottsvergeßne Alleweltshure will honette Mädels in Blame bringen, weil sie so denkt.

WESENER (*sehr laut*). Halt's Maul! Marie hat ein viel zu edles Gemüt, als daß sie von dir reden sollte, aber du schalusierst auf deine eigene Schwester; weil du nicht so schön bist als sie, sollst du zum wenigsten besser denken. Schäm' dich — (*Zur Magd.*) Nehmt ab, ich esse nichts mehr. (*Schiebt Teller und Serviette fort, wirft sich in einen Lehnstuhl und bleibt in tiefen Gedanken sitzen.*)

SECHSTE SZENE. *Mariens Zimmer.*

(*Sie sitzt auf ihrem Bette, hat die Zitternadel in der Hand und spiegelt damit, in den tiefsten Träumereien. Der Vater tritt herein, sie fährt auf und sucht die Zitternadel zu verbergen.*)

MARIE. Ach Herr Jesus — —

WESENER. Na, so mach' sie doch das Kind nicht. (*Geht einigermal auf und ab, dann setzt er sich zu ihr.*) Hör', Marieel! du weißt, ich bin dir gut, sei du nur recht aufrichtig gegen mich, es wird dein Schade nicht sein. Sag mir, hat dir der Baron was von der Liebe vorgesagt?

MARIE (*sehr geheimnisvoll*). Papa! — er ist verliebt in mich, das ist wahr. Sieh Er einmal, diese Zitternadel hat er mir auch geschickt.

WESENER. Was tausend Hagelwetter — Potz Mord noch einmal, (*nimmt ihr die Zitternadel weg*) hab ich dir nicht verboten —

MARIE. Aber Papa, ich kann doch so grob nicht

sein und es ihm abschlagen. Ich sag Ihm, er hat
getan, wie wütend, als ich's nicht annehmen
wollte, (*läuft nach dem Schrank*) hier sind auch
Verse, die er auf mich gemacht hat. (*Reicht ihm
ein Papier.*)

WESENER (*liest laut*)

Du höchster Gegenstand von meinen reinen
  Trieben,
Ich bet dich an, ich will dich ewig lieben.
Weil die Versicherung von meiner Lieb' und
  Treu,
Du allerschönstes Licht, mit jedem Morgen
  neu.
Du allerschönstes Licht, ha, ha, ha.

MARIE. Wart Er, ich will Ihm noch was weisen,
er hat mir auch ein Herzchen geschenkt mit
kleinen Steinen besetzt in einem Ring. (*Wieder
zum Schrank. Der Vater besieht es gleichgültig.*)

WESENER (*liest noch einmal*). Du höchster Gegenstand von meinen reinen Trieben. (*Steckt die
Verse in die Tasche.*) Er denkt doch honett, seh
ich. Hör aber, Marieel, was ich dir sage, du
mußt kein Präsent mehr von ihm annehmen.
Das gefällt mir nicht, daß er dir so viele Präsente
macht.

MARIE. Das ist sein gutes Herz, Papa.

WESENER. Und die Zitternadel gib mir her, die
will ich ihm zurückgeben. Laß mich nur machen,
ich weiß schon, was zu deinem Glück dient, ich
hab länger in der Welt gelebt, als du, mein'
Tochter, und du kannst nur immer allesfort mit
ihm in Komödien gehn, nur nimm jedesmal die
Madam Weyher mit, und laß dir nur immer
nichts davon merken, als ob ich davon wüßte,
sondern sag' nur, daß er's recht geheim hält, und
daß ich sehr böse werden würde, wenn ich's
erführe. Nur keine Präsente von ihm angenommen, Mädel, um Gotteswillen!

MARIE. Ich weiß wohl, daß der Papa mir nicht übel raten wird. (*Küßt ihm die Hand.*) Er soll sehn, daß ich seinem Rat in allen Stücken folgen werde. Und ich werde Ihm alles erzählen, darauf kann Er sich verlassen.

WESENER. Na, so denn. (*Küßt sie.*) Kannst noch einmal gnädige Frau werden, närrisches Kind. Man kann nicht wissen, was einem manchmal für ein Glück aufgehoben ist.

MARIE. Aber, Papa, (*etwas leise*) was wird der arme Stolzius sagen?

WESENER. Du mußt darum den Stolzius nicht sogleich abschrecken, hör' einmal. — Nu, ich will dir schon sagen, wie du den Brief an ihn einzurichten hast. Unterdessen schlaf sie gesund, Meerkatze.

MARIE (*küßt ihm die Hand*). Gute Nacht, Pappuschka! — (*Da er fort ist, tut sie einen tiefen Seufzer, und tritt ans Fenster, indem sie sich aufschnürt.*) Das Herz ist mir so schwer. Ich glaub, es wird gewittern die Nacht. Wenn es einschlüge — (*sieht in die Höhe, die Hände über ihre offene Brust schlagend*). Gott! Was hab' ich denn Böses getan? — — Stolzius — ich lieb' dich ja noch — aber wenn ich nun mein Glück besser machen kann — und Papa selber mir den Rat gibt, (*zieht die Gardine vor*) trifft mich's, so trifft mich's, ich sterb' nicht anders als gerne. (*Löscht ihr Licht aus.*)

ZWEITER AKT

ERSTE SZENE. *In Armentieres.*

HAUDY (*und*) STOLZIUS (*spazieren an der Lys*).

HAUDY. Er muß sich dadurch nicht gleich ins Bockshorn jagen lassen, guter Freund! Ich kenne

den Desportes, er ist ein Spitzbube, der nichts
sucht, als sich zu amüsieren, er wird ihm darum
seine Braut nicht gleich abspenstig machen
wollen.

STOLZIUS. Aber das Gerede, Herr Major! Stadt
und Land ist voll davon. Ich könnte mich den
Augenblick ins Wasser stürzen, wenn ich dem
Ding nachdenke.

HAUDY (*faßt ihn unterm Arm*). Er muß sich das
nicht so zu Herzen gehn lassen, zum Teufel!
Man muß viel über sich reden lassen in der
Welt. Ich bin sein bester Freund, das kann Er
versichert sein, und ich würd' es Ihm gewiß
sagen, wenn Gefahr dabei wäre. Aber es ist
nichts, Er bild't sich das nur ein, mach Er nur,
daß die Hochzeit noch diesen Winter sein kann,
solang wir noch hier in Garnison liegen; und
macht Ihm der Desportes alsdenn die geringste
Unruhe, so bin ich sein Mann, es soll Blut
kosten, das versichere ich Ihn. Unterdessen
kehr' Er sich ans Gerede nicht, Er weiß wohl,
die Jungfern, die am bravsten sind, von denen
wird das meiste dumme Zeug räsonniert; das ist
ganz natürlich, daß sich die jungen Fats zu
rächen suchen, die nicht haben ankommen
können.

ZWEITE SZENE. *Das Kaffeehaus.*

EISENHARDT (*und*) PIRZEL (*im Vordergrunde,
auf einem Sofa und trinken Kaffee. Im Hinter-
grunde eine Gruppe Offiziers schwatzend und
lachend*).

EISENHARDT (*zu Pirzel*). Es ist lächerlich, wie
die Leute alle um den armen Stolzius her-
schwärmen, wie Fliegen um einen Honigkuchen.
Der zupft ihn da, der stößt ihn hier, der geht
mit ihm spazieren, der nimmt ihn mit ins

Cabriolet, der spielt Billard mit ihm, wie Jagd-
hunde, die Witterung haben. Und wie augen-
scheinlich sein Tuchhandel zugenommen hat,
seitdem man weiß, daß er die schöne Jungfer
heiraten wird, die neulich hier durchgegangen.

PIRZEL (*faßt seine Hand mit viel Energie*). Woher
kommt's, Herr Pfarrer? Daß die Leute nicht
denken. (*Steht auf in einer sehr malerischen
Stellung, halb nach der Gruppe zugekehrt.*) Es ist
ein vollkommenstes Wesen. Dieses vollkommenste Wesen kann ich entweder beleidigen
oder nicht beleidigen.

EINER AUS DER GESELLSCHAFT (*kehrt sich um*).
Nun, fängt er schon wieder an?

PIRZEL (*sehr eifrig*). Kann ich es beleidigen,
(*kehrt sich ganz gegen die Gesellschaft*) so würde
es aufhören, das Vollkommenste zu sein.

EIN ANDERER AUS DER GESELLSCHAFT. Ja, ja,
Pirzel, du hast Recht, du hast ganz Recht.

PIRZEL (*kehrt sich geschwind zum Feldprediger*).
Kann ich es nicht beleidigen — (*Faßt ihn an der
Hand, und bleibt stockstill in tiefen Gedanken.*)

ZWEI, DREI AUS DEM HAUFEN. Pirzel, zum
Teufel! redst du mit uns?

PIRZEL (*kehrt sich sehr ernsthaft zu ihnen*). Meine
lieben Kameraden, ihr seid verehrungswürdige
Geschöpfe Gottes, also kann ich euch nicht
anders als respektieren und hochachten; ich bin
auch ein Geschöpf Gottes, also müßt ihr mich
gleichfalls in Ehren halten.

EINER. Das wollten wir dir auch raten.

PIRZEL (*kehrt sich wieder zum Pfarrer*). Nun —

EISENHARDT. Herr Hauptmann, ich bin in allen
Stücken Ihrer Meinung. Nur war die Frage,
wie es den Leuten in den Kopf gebracht werden
könne, vom armen Stolzius abzulassen, und nicht
Eifersucht und Argwohn in zwei Herzen zu

werfen, die vielleicht auf ewig einander glücklich gemacht haben würden.

PIRZEL (*der sich mittlerweile gesetzt hatte, steht wieder sehr hastig auf*). Wie ich Ihnen die Ehre und das Vergnügen hatte zu sagen, Herr Pfarrer! das macht, weil die Leute nicht denken. Denken, denken, was der Mensch ist, das ist ja meine Rede. (*Faßt ihn an der Hand.*) Sehen Sie, das ist Ihre Hand, aber was ist das? Haut, Knochen, Erde, (*klopft ihm auf den Puls*) da, da steckt es, das ist nur die Scheide, da steckt der Degen drein, im Blut, im Blut — (*Sieht sich plötzlich herum, weil Lärm wird.*)

(*Haudy tritt herein mit großem Geschrei.*)

HAUDY. Leute, nun hab ich ihn, es ist der frömmste Herrgott von der Welt. (*Brüllt entsetzlich.*) Madam Roux! gleich lassen Sie Gläser schwenken und machen uns guten Punsch zurecht. Er wird gleich hier sein, ich bitte euch, geht mir artig mit dem Menschen um.

EISENHARDT (*bückt sich vor*). Wer, Herr Major, wenn's erlaubt ist —

HAUDY (*ohne ihn anzusehen*). Nichts, ein guter Freund von mir.

(*Die ganze Gesellschaft drängt sich um Haudy.*)

EINER. Hast du ihn ausgefragt, wird die Hochzeit bald sein?

HAUDY. Leute, ihr müßt mich schaffen lassen, sonst verderbt ihr mir den ganzen Handel. Er hat ein Zutrauen zu mir, sag' ich euch, wie zum Propheten Daniel, und wenn einer von euch sich darein mengt, so ist alles verschissen. Er ist ohnedem eifersüchtig genug, das arme Herz; der Desportes macht ihm grausam zu schaffen, und ich hab ihn mit genauer Not gehalten, daß er nicht ins Wasser sprang. Mein Pfiff ist, ihm Zutrauen zu seinem Weibe beizubringen, er muß sie wohl kennen, daß sie keine von den sturmfesten ist. Das sei euch also zur Nachricht, daß ihr mir den Menschen nicht verderbt.

RAMMLER. Was willst du doch reden! ich kenn ihn besser als du, er hat eine feine Nase, das glaub du mir nur.

HAUDY. Und du eine noch feinere, merk ich.

RAMMLER. Du meinst, das sei das Mittel, sich bei ihm einzuschmeicheln, wenn man ihm Gutes von seiner Braut sagt. Du irrst dich, ich kenn' ihn besser, grad das Gegenteil. Er stellt sich, als ob er dir's glaubte, und schreibt es sich hinter die Ohren. Aber wenn man ihm seine Frau verdächtig macht, so glaubt er, daß wir's aufrichtig mit ihm meinen —

HAUDY. Mit deiner erhabenen Politik, Rotnase! Willst du dem Kerl den Kopf toll machen, meinst du, er hat nicht Grillen genug drin? Und wenn er sie sitzen läßt oder sich aufhängt — so hast du's darnach. Nicht wahr, Herr Pfarrer, eines Menschen Leben ist doch kein Pfifferling?

EISENHARDT. Ich menge mich in Ihren Kriegsrat nicht.

HAUDY. Sie müssen mir aber doch recht geben?

PIRZEL. Meine werten Brüder und Kameraden, tut niemand unrecht. Eines Menschen Leben ist ein Gut, das er sich nicht selber gegeben hat. Nun aber hat niemand ein Recht auf ein Gut, das ihm von einem andern ist gegeben worden. Unser Leben ist ein solches Gut —

HAUDY (*faßt ihn an der Hand*). Ja, Pirzel, du bist der bravste Mann, den ich kenne, (*setzt sich zwischen ihn und den Pfarrer*) aber der Jesuit, (*den Pfarrer umarmend*) der gern selber möchte Hahn im Korbe sein.

RAMMLER (*setzt sich auf die andere Seite zum Pfarrer und zischelt ihm in die Ohren*). Herr

Pfarrer, Sie sollen nur sehen, was ich dem
Haudy für einen Streich spielen werde.

(Stolzius tritt herein; Haudy springt auf.)

HAUDY. Ach, mein Bester! Kommen Sie, ich
habe ein gut Glas Punsch für uns bestellen lassen,
der Wind hat uns vorhin so durchgeweht. (*Führt
ihn an einen Tisch.*)

STOLZIUS (*den Hut abziehend zu den übrigen*).
Meine Herren, Sie werden mir vergeben, daß
ich so dreist bin, auf Ihr Kaffeehaus zu kommen;
es ist auf Befehl des Herrn Majors geschehen.

*(Alle ziehen die Hüte ab, sehr höflich, und schneiden
Komplimente. Rammler steht auf und geht näher.)*

RAMMLER. O gehorsamer Diener, es ist uns eine
besondere Ehre.

STOLZIUS (*rückt noch einmal den Hut, etwas
kaltsinnig und setzt sich zu Haudy*). Es geht ein
so scharfer Wind draußen, ich meine, wir werden
Schnee bekommen.

HAUDY (*eine Pfeife stopfend*). Ich glaub' es auch.
— Sie rauchen doch, Herr Stolzius?

STOLZIUS. Ein wenig.

RAMMLER. Ich weiß nicht, wo denn unser
Punsch bleibt, Haudy, (*steht auf*) was die
verdammte Roux so lange macht.

HAUDY. Bekümmere dich um deine Sachen.
(*Brüllt mit einer erschrecklichen Stimme.*) Madam
Roux! Licht her — und unser Punsch, wo bleibt
er?

STOLZIUS. O mein Herr Major, als ich Ihnen
Ungelegenheit machen sollte, würd' es mir sehr
von Herzen leid tun.

HAUDY. Ganz und gar nicht, lieber Freund.
(*Präsentiert ihm die Pfeife.*) Die Lysluft kann
doch wahrhaftig der Gesundheit nicht gar zu
zuträglich sein.

RAMMLER (*setzt sich zu ihnen an den Tisch*).
Haben Sie neulich Nachrichten aus Lille gehabt?
Wie befindet sich Ihre Jungfer Braut? (*Haudy
macht ihm ein Paar fürchterliche Augen; er bleibt
lächelnd sitzen.*)

STOLZIUS (*verlegen*). Zu Ihren Diensten, mein
Herr — aber ich bitte gehorsamst um Ver-
zeihung, ich weiß noch von keiner Braut, ich
habe keine.

RAMMLER. Die Jungfer Wesener aus Lille, ist
sie nicht Ihre Braut? Der Desportes hat es mir
doch geschrieben, daß Sie verlobt wären.

STOLZIUS. Der Herr Desportes müßte es denn
besser wissen, als ich.

HAUDY (*rauchend*). Der Rammler schwatzt immer
in die Welt hinein, ohne zu wissen, was er redt
und was er will.

EINER AUS DEM HAUFEN. Ich versichere Ihnen,
Herr Stolzius, Desportes ist ein ehrlicher Mann.

STOLZIUS. Daran habe ich ja gar nicht gezweifelt.

HAUDY. Ihr Leute wißt viel vom Desportes.
Wenn ihn ein Mensch kennen kann, so muß ich
es doch wohl sein; er ist mir von seiner Mutter
rekommandiert worden, als er ans Regiment kam,
und hat nichts getan, ohne mich zu Rate zu
ziehen. Aber ich versichere Ihnen, Herr Stolzius,
daß Desportes ein Mensch ist, der Sentiment und
Religion hat.

RAMMLER. Und wir sind Schulkameraden miteinander gewesen. Keinen blödern Menschen
mit dem Frauenzimmer habe ich noch in
meinem Leben gesehen.

HAUDY. Das ist wahr, darin hat er recht. Er ist
nicht imstande, ein Wort hervorzubringen,
sobald ihn ein Frauenzimmer freundlich ansieht.

RAMMLER (*mit einer pedantisch plumpen Ver-
stellung*). Ich glaube in der Tat — wo mir recht

24

ist — ja es ist wahr, er korrespondiert noch mit ihr, ich habe den Tag seiner Abreise einen Brief gelesen, den er an eine Mademoiselle in Brüssel schrieb, in die er ganz zum Erstaunen verliebt war. Er wird sie wohl nun bald heiraten, denke ich.

EINER AUS DER GESELLSCHAFT. Ich kann nur nicht begreifen, was er so lang in Lille macht.

HAUDY. Wetter Element, wo bleibt unser Punsch denn — Madam Roux!!!

RAMMLER. In Lille? O das kann euch niemand erklären, als ich. Denn ich weiß um alle seine Geheimnisse. Aber es läßt sich nicht öffentlich sagen.

HAUDY (*verdrießlich*). So sag' heraus, Narre! was hältst du hinter dem Berge.

RAMMLER (*lächelnd*). Ich kann euch nur so viel sagen, daß er eine Person dort erwartet, mit der er in der Stille fortreisen will.

STOLZIUS (*steht auf und legt die Pfeife weg*). Meine Herren, ich habe die Ehre mich Ihnen zu empfehlen.

HAUDY (*erschrocken*). Was ist — wohin liebster Freund — wir werden den Augenblick bekommen.

STOLZIUS. Sie nehmen mir's nicht übel — mir ist den Moment etwas zugestoßen.

HAUDY. Was denn? — Der Punsch wird Ihnen gut tun, ich versichere Sie.

STOLZIUS. Daß ich mich nicht wohl befinde, lieber Herr Major. Sie werden mir verzeihen — erlauben Sie — aber ich kann keinen Augenblick länger hier bleiben, oder ich falle um —

HAUDY. Das ist die Rheinluft — oder war der Tabak zu stark?

STOLZIUS. Leben Sie wohl. (*Geht wankend ab.*)

HAUDY. Da haben wir's! Mit euch verfluchten Arschgesichtern!

RAMMLER. Ha, ha, ha, ha — (*besinnt sich eine Weile, herumgehend*). Ihr dummen Teufels, seht ihr denn nicht, daß ich das alles mit Fleiß angestellt habe — Herr Pfarrer, hab ich's Ihnen nicht gesagt?

EISENHARDT. Lassen Sie mich aus dem Spiel, ich bitte Sie.

HAUDY. Du bist eine politische Gans, ich werd dir das Genick umdrehen.

RAMMLER. Und ich brech' dir Arm und Bein entzwei, und werf' sie zum Fenster hinaus. (*Spaziert thrasonisch umher.*) Ihr kennt meine Finten noch nicht.

HAUDY. Ja du steckst voll Finten, wie ein alter Pelz voll Läuse. Du bist ein Kerl zum Speien mit deiner Politik.

RAMMLER. Und ich pariere, daß ich dich und all euch Leute hier beim Stolzius in Sack stecke, wenn ich's darauf ansetze.

HAUDY. Hör', Rammler! es ist nur schade, daß du ein bißchen zu viel Verstand bekommen hast, denn er macht sich selber zunicht; es geht dir, wie einer allzu vollen Bouteille, die man umkehrt, und doch kein Tropfen herausläuft, weil einer dem andern im Wege steht. Geh, geh, wenn ich eine Frau habe, geb ich dir die Erlaubnis, bei ihr zu schlafen, wenn du sie dahin bringen kannst.

RAMMLER (*sehr schnell auf und ab gehend*). Ihr sollt nur sehen, was ich aus dem Stolzius noch machen will. (*Ab.*)

HAUDY. Der Kerl macht einem das Gallenfieber mit seiner Dummheit. Er kann nichts als andern Leuten das Konzept verderben.

EINER. Das ist wahr, er mischt sich in alles.

MARY. Er hat den Kopf immer voll Intriguen und Ränken, und meint, andere Leute können ebenso wenig darohne leben, als er. Letzt sagt' ich dem Reitz ins Ohr, er möcht' mir doch auf morgen seine Sporen leihen — ist er mir nicht den ganzen Tag nachgegangen, und hat mich um Gotteswillen gebeten, ich möcht' ihm sagen, was wir vor hätten. Ich glaub' es ist ein Staatsmann an ihm verdorben.

EIN ANDRER. Neulich stellt ich mich an ein Haus, einen Brief im Schatten zu lesen; er meinte gleich, es wär' ein Liebesbrief, der mir aus dem Haus wär' herabgeworfen worden, und ist die ganze Nacht bis um zwölf Uhr um das Haus herum geschlichen. Ich dachte, ich sollte aufbersten vor Lachen, es wohnt ein alter Jude von sechzig Jahren in dem Hause, und er hatte überall an der Straße Schildwachen ausgestellt, die mir auflauern sollten, und ihm ein Zeichen geben, wenn ich hereinginge. Ich habe einem von den Kerls mit drei Livres das ganze Geheimnis abgekauft; ich dacht', ich sollte rasend werden.

ALLE. Ha, ha, ha, und er meint es sei ein hübsch Mädchen drin.

MARY. Hört einmal, wollt ihr einen Spaß haben, der echt ist, so wollen wir den Juden avertieren, es sei einer da, der Absichten auf sein Geld habe.

HAUDY. Recht, recht, daß euch die schwere Not — wollen wir gleich zu ihm gehen. Das soll uns eine Komödie geben, die ihresgleichen nicht hat. Und du, Mary, bring ihn nur immer mehr auf die Gedanken, daß da die schönste Frau in ganz Armentieres wohnt, und daß Gilbert dir anvertraut hat, er werde diese Nacht zu ihr gehn.

DRITTE SZENE. *In Lille.*

MARIE (*weinend auf einem Lehnstuhl, einen Brief in der Hand*). DESPORTES (*tritt herein*).

DESPORTES. Was fehlt Ihnen, mein goldnes Marieel, was haben Sie?

MARIE (*will den Brief in die Tasche stecken*). Ach —

DESPORTES. Um's Himmels willen, was ist das für ein Brief, der Ihnen Tränen verursachen kann?

MARIE (*etwas leiser*). Sehen Sie nur, was mir der Mensch, der Stolzius, schreibt, recht als ob er ein Recht hätte, mich auszuschelten. (*Weint wieder.*)

DESPORTES (*liest stille*). Das ist ein impertinenter Esel. Aber sagen Sie mir, warum wechseln Sie Briefe mit solch einem Hundejungen?

MARIE (*trocknet sich die Augen*). Ich will Ihnen nur sagen, Herr Baron, es ist, weil er angehalten hat um mich, und ich ihm schon so gut als halb versprochen bin.

DESPORTES. Er um Sie angehalten? Wie darf sich der Esel das unterstehen? Warten Sie, ich will ihm den Brief beantworten.

MARIE. Ja, mein lieber Herr Baron! Und Sie können nicht glauben, was ich mit meinem Vater auszustehen habe; er liegt mir immer in den Ohren, ich soll mir mein Glück nicht verderben.

DESPORTES. Ihr Glück — mit solch einem Lümmel! Was denken Sie doch, liebstes Marieel, und was denkt Ihr Vater? ich kenne ja des Menschen seine Umstände. Und kurz und gut, Sie sind für keinen Bürger gemacht.

MARIE. Nein, Herr Baron, davon wird nichts, das sind nur leere Hoffnungen, mit denen Sie

28

mich hintergehen. Ihre Familie wird das nimmermehr zugeben.

DESPORTES. Das ist meine Sorge. Haben Sie Feder und Dinte, ich will dem Lumpenhund seinen Brief beantworten, warten Sie einmal.

MARIE. Nein, ich will selber schreiben. (*Setzt sich an den Tisch, und macht das Schreibzeug zurecht, er stellt sich ihr hinter die Schulter.*)

DESPORTES. So will ich Ihnen diktieren.

MARIE. Das sollen Sie auch nicht. (*Schreibt.*)

DESPORTES (*liest ihr über die Schulter*). Monsieur — Flegel setzen Sie dazu. (*Tunkt eine Feder ein und will dazu schreiben.*)

MARIE (*beide Arme über den Brief ausbreitend*). Herr Baron — (*Sie fangen an zu schäkern, sobald sie den Arm rückt, macht er Miene zu schreiben; nach vielem Lachen gibt sie ihm mit der nassen Feder eine große Schmarre übers Gesicht. Er läuft zum Spiegel, sich abzuwischen, sie schreibt fort.*)

DESPORTES. Ich belaure Sie doch. (*Er kommt näher, sie droht ihm mit der Feder; endlich steckt sie das Blatt in die Tasche; er will sie daran verhindern, sie ringen zusammen; Marie kitzelt ihn, er macht ein erbärmliches Geschrei, bis er endlich halb atemlos auf den Lehnstuhl fällt.*)

WESENER (*tritt herein*). Na, was gibt's — die Leute von der Straße werden bald hereinkommen.

MARIE (*erholt sich*). Papa, denkt doch, was der grobe Flegel, der Stolzius, mir für einen Brief schreibt, er nennt mich Ungetreue! Denk doch, als ob ich die Säue mit ihm gehütet hätte; aber ich will ihm antworten darauf, daß er sich nicht vermuten soll, der Grobian.

WESENER. Zeig mir her den Brief — ei sieh doch die Jungfer Zipfersaat — ich will ihn unten im Laden lesen. (*Ab.*)

(*Jungfer Zipfersaat tritt herein.*)

MARIE (*hier und da launigt herumknicksend*). Jungfer Zipfersaat, hier hab' ich die Ehre, dir einen Baron zu präsentieren, der sterblich verliebt in dich ist. Hier, Herr Baron, ist die Jungfer, von der wir so viel gesprochen haben, und in die Sie sich neulich in der Komödie so sterblich verschameriert haben.

JUNGFER ZIPFERSAAT (*beschämt*). Ich weiß nicht, wie du bist, Marieel.

MARIE (*mit einem tiefen Knicks*). Jetzt können Sie Ihre Liebesdeklaration machen. (*Läuft ab, die Kammertür hinter sich zuschlagend. Jungfer Zipfersaat, ganz verlegen, tritt ans Fenster. Desportes, der sie verächtlich angesehen, paßt auf Marien, die von Zeit zu Zeit die Kammertür ein wenig eröffnet. Endlich steckt sie den Kopf heraus; höhnisch*) Na, seid bald ihr fertig?

(*Desportes sucht sich zwischen die Tür einzuklemmen, Marie sticht ihn mit einer großen Stecknadel; er schreit und läuft plötzlich heraus, um durch eine andere Tür in jenes Zimmer zu kommen. Jungfer Zipfersaat geht ganz verdrießlich fort, derweil das Geschrei und Gejauchz im Nebenzimmer fortwährt. Weseners alte Mutter kriecht durch die Stube, die Brille auf der Nase, setzt sich in eine Ecke des Fensters, und strickt und singt, oder krächzt vielmehr mit ihrer alten rauhen Stimme.*)

Ein Mädele jung ein Würfel ist,
Wohl auf dem Tisch gelegen:
Das kleine Rösel aus Hennegau
Wird bald zu Gottes Tisch gehen.

(*Zählt die Maschen ab.*)

Was lächelst so froh mein liebes Kind,
Dein Kreuz wird dir'n schon kommen.
Wenn's heißt, das Rösel aus Hennegau
Hab nun einen Mann genommen.

O Kindlein mein, wie tut's mir so weh,
Wie dir dein' Äugelein lachen,
Und wenn ich die tausend Tränelein seh,
Die werden dein' Bäckelein waschen.

(Indessen dauert das Geschäker im Nebenzimmer fort. Die alte Frau geht hinein, sie zu berufen.)

DRITTER AKT

ERSTE SZENE. *In Armentieres.* *Des Juden Haus.*

RAMMLER (*mit einigen verkleideten Leuten, die er stellt. Zum Letzten*). Wenn jemand hineingeht, so huste — ich will mich unter die Treppe verstecken, daß ich ihm gleich nachschleichen kann. (*Verkriecht sich unter der Treppe.*)

AARON (*sieht aus dem Fenster*). Gad, was ein gewaltiger Camplat ist das unter meinem eignen Hause.

MARY (*im Rocklor eingewickelt kommt die Gasse heran, bleibt unter des Juden Fenster stehen und läßt ein subtiles Pfeifchen hören*).

AARON (*leise herab*). Sein Sie's, gnädiger Herr? (*Jener winkt.*) Ich werde soglach aufmachen.

MARY (*geht die Treppe hinauf. Einer hustet leise. Rammler schleicht ihm auf den Zehen nach, ohne daß er sich umsieht. Der Jude macht die Türe auf, beide gehen hinein*).

(*Der Schauplatz verwandelt sich in das Zimmer des Juden. Es ist stockdunkel. Mary und Aaron flüstern sich in die Ohren. Rammler schleicht immer von weitem herum, weicht aber gleich zurück, sobald jene eine Bewegung machen.*)

MARY. Er ist hier drinne.

AARON. O wai mer!

31

MARY. Still nur, er soll Euch kein Leides tun; laßt mit Euch machen, was er will, und wenn er Euch auch knebelte, in einer Minute bin ich wieder bei Euch mit der Wache, es soll ihm übel genug bekommen. Legt Euch nur zu Bette.

AARON. Wenn er mich aber ams Leben bringt, he?

MARY. Seid nur ohne Sorgen, ich bin im Augenblick wieder da. Er kann sonst nicht überführt werden. Die Wache steht hier unten schon parat, ich will sie nur hereinrufen. Legt Euch — (*Geht hinaus. Der Jude legt sich zu Bette. Rammler schleicht näher hin an.*)

AARON (*klappt mit den Zähnen*). Adonai! Adonai!

RAMMLER (*für sich*). Ich glaube gar, es ist eine Jüdin. (*Laut, indem er Marys Stimme nachzuahmen sucht.*) Ach, mein Schätzchen, wie kalt ist es draußen.

AARON (*immer leiser*). Adonai!

RAMMLER. Du kennst mich doch, ich bin dein Mann nicht, ich bin Mary. (*Zieht sich Stiefel und Rock aus.*) Ich glaube, wir werden noch Schnee bekommen, so kalt ist es.

(*Mary mit einem großen Gefolge von Offizieren mit Laternen stürzen herein und schlagen ein abscheulich Gelächter auf. Der Jude richtet sich erschrocken auf.*)

HAUDY. Bist du toll geworden, Rammler, willst du mit dem Juden Unzucht treiben?

RAMMLER (*steht wie versteinert da. Endlich zieht er seinen Degen*). Ich will Euch in Kreuzmillionen Stücke zerhauen alle miteinander. (*Läuft verwirrt heraus; die andern lachen nur noch rasender.*)

AARON. Ich bin wäs Gad halb tot gewesen. (*Steht auf. Die andern laufen alle Rammlern nach, der Jude folgt ihnen.*)

ZWEITE SZENE. *Stolzius' Wohnung.*

(*Er sitzt mit verbundenem Kopf an einem Tisch, auf dem eine Lampe brennt, einen Brief in der Hand, seine Mutter neben ihm.*)

MUTTER (*die auf einmal sich ereifert*). Willst du denn nicht schlafen gehen, du gottloser Mensch! So red' doch, so sag', was dir fehlt, das Luder ist deiner nicht wert gewesen. Was grämst du dich, was wimmerst du um eine solche — Soldatenhure.

STOLZIUS (*mit dem äußersten Unwillen vom Tisch sich aufrichtend*). Mutter —

MUTTER. Was ist sie denn anders — du — und du auch, daß du dich an solche Menscher hängst.

STOLZIUS (*faßt ihr beide Hände*). Liebe Mutter, schimpft nicht auf sie, sie ist unschuldig, der Offizier hat ihr den Kopf verrückt. Seht einmal, wie sie mir sonst geschrieben hat. Ich muß den Verstand verlieren darüber. Solch ein gutes Herz!

MUTTER (*steht auf und stampft mit dem Fuß*). Solch ein Luder — Gleich zu Bett mit dir, ich befehl' es dir. Was soll daraus werden, was soll da herauskommen. Ich will dir weisen, junger Herr, daß ich deine Mutter bin.

STOLZIUS (*an seine Brust schlagend*). Marieel — nein, sie ist es nicht mehr, sie ist nicht dieselbige mehr, — (*springt auf*) laßt mich —

MUTTER (*weint*). Wohin, du Gottvergessener?

STOLZIUS. Ich will dem Teufel, der sie verkehrt hat — (*Fällt kraftlos auf die Bank, beide Hände in die Höhe.*) O du sollst mir's bezahlen. (*Kalt.*) Ein Tag ist wie der andere, was nicht heut kommt, kommt morgen, und was langsam kommt, kommt gut. Wie heißt's in dem Liede, Mutter: wenn ein Vögelein von einem Berge

33

alle Jahre ein Körnlein wegtrüge, endlich würde
es ihm doch gelingen.

MUTTER. Ich glaube, du phantasierst schon
(*greift ihm an den Puls*), leg' dich zu Bett, Carl,
ich bitte dich um Gotteswillen. Ich will dich
warm zudecken, was wird da herauskommen, du
großer Gott, das ist ein hitziges Fieber — um
solch eine Metze —

STOLZIUS. Endlich — endlich — — alle Tage
ein Sandkorn, ein Jahr hat zehn zwanzig dreißig
hundert — (*die Mutter will ihn fortleiten*) Laßt
mich, Mutter, ich bin gesund.

MUTTER. Komm nur, komm, (*ihn mit Gewalt
fortschleppend*) Narre! — Ich werd' dich nicht
loslassen, das glaub' mir nur. (*Ab.*)

DRITTE SZENE. *In Lille.*

JUNGFER ZIPFERSAAT.
EINE MAGD (*aus Weseners Hause*).

JUNGFER ZIPFERSAAT. Sie ist zu Hause, aber
sie läßt sich nicht sprechen? Denk' doch, sie ist
so vornehm geworden?

MAGD. Sie sagt, sie hat zu tun, sie liest in einem
Buch.

JUNGFER ZIPFERSAAT. Sag' Sie ihr nur, ich
hätt' ihr etwas zu sagen, woran ihr alles in der
Welt gelegen ist.

    (*Marie kommt, ein Buch in der Hand.*)
        Mit nachlässigem Ton.)

MARIE. Guten Morgen, Jungfer Zipfersaat.
Warum hat Sie sich nicht gesetzt?

JUNGFER ZIPFERSAAT. Ich kam ihr nur zu
sagen, daß der Baron Desportes diesen Morgen
weggelaufen ist.

MARIE. Was redest du da? (*Ganz außer sich.*)

JUNGFER ZIPFERSAAT. Sie kann es mir glauben; er ist meinem Vetter über die siebenhundert Taler schuldig geblieben, und als sie auf sein Zimmer kamen, fanden sie alles ausgeräumt, und einen Zettel auf dem Tisch, wo er ihnen schrieb, sie sollten sich keine vergebliche Mühe geben, ihm nachzusetzen, er hab' seinen Abschied genommen, und wolle in österreichische Dienste gehen.

MARIE (*läuft schluchzend heraus und ruft*). Pappa! Pappa!

WESENER (*hinter der Szene*). Na, was ist!

MARIE. Komm' Er dooh geschwind herauf, lieber Papa!

JUNGFER ZIPFERSAAT. Da sieht Sie, wie die Herren Offiziers sind. Das hätt' ich Ihr wollen zum voraus sagen.

WESENER (*kommt herein*). Na, was ist — Ihr Diener, Jungfer Zipfersaat.

MARIE. Pappa, was sollen wir anfangen? Der Desportes ist weggelaufen.

WESENER. Ei sieh doch, wer erzählt dir denn so artige Histörchen?

MARIE. Er ist dem jungen Herrn Seidenhändler Zipfersaat siebenhundert Taler schuldig geblieben und hat einen Zettel auf dem Tisch gelassen, daß er in seinem Leben nicht nach Flandern wiederkommen will.

WESENER (*sehr böse*). Was das ein gottloses verdammtes Gered — (*sich auf die Brust schlagend*). Ich sag' gut für siebenhundert Taler, versteht Sie mich, Jungfer Zipfersaat? Und für noch einmal so viel, wenn Sie's haben will. Ich hab' mit dem Hause über die dreißig Jahre verkehrt, aber das sind die gottesvergessenen Neider —

JUNGFER ZIPFERSAAT. Das wird meinem Vetter eine große Freude machen, Herr Wesener, wenn Sie es auf sich nehmen wollen, den guten Namen vom Herrn Baron zu retten.

WESENER. Ich geh mit ihr, den Augenblick. (*Sucht seinen Hut.*) Ich will den Leuten das Maul stopfen, die sich unterstehen wollen, mir das Haus in übeln Ruf zu bringen; versteht Sie mich.

MARIE. Aber, Papa — (*ungeduldig*). O, ich wünschte, daß ich ihn nie gesehen hätte. (*Wesener und Jungfer Zipfersaat gehen ab. Marie wirft sich in den Sorgstuhl, und nachdem sie eine Weile in tiefen Gedanken gesessen, ruft sie ängstlich.*) Lotte! — — Lotte!

Charlotte kommt.

CHARLOTTE. Na, was willst du denn, daß du mich so rufst?

MARIE (*geht ihr entgegen*). Lottchen — mein liebes Lottchen. (*Ihr unter dem Kinn streichelnd.*)

CHARLOTTE. Na, Gott behüt', wo kommt das Wunder?

MARIE. Du bist auch mein allerbestes Scharlottel, du.

CHARLOTTE. Gewiß will Sie wieder Geld von mir leihen.

MARIE. Ich will dir auch alles zu Gefallen tun.

CHARLOTTE. Ei was, ich habe nicht Zeit. (*Will gehen.*)

MARIE (*hält sie*). So hör doch — nur für einen Augenblick — kannst du mir nicht helfen einen Brief schreiben?

CHARLOTTE. Ich habe nicht Zeit.

MARIE. Nur ein paar Zeilen — ich laß dir auch die Perlen für sechs Livres.

CHARLOTTE. An wen denn?

36

MARIE (*beschämt*). An den Stolzius.

CHARLOTTE (*fängt an zu lachen*). Schlägt Ihr das Gewissen?

MARIE (*halb weinend*). So laß doch —

CHARLOTTE (*setzt sich an den Tisch*). Na, was willst ihm denn schreiben — Sie weiß, wie ungern ich schreib.

MARIE. Ich hab so ein Zittern in den Händen — schreib so oben oder in einer Reihe, wie du willst — Mein liebwertester Freund.

CHARLOTTE. Mein liebwertester Freund.

MARIE. Dero haben in Ihrem letzten Schreiben mir billige Gelegenheit gegeben, da meine Ehre angegriffen.

CHARLOTTE. Angegriffen.

MARIE. Indessen müssen nicht alle Ausdrücke auf der Wagschale legen, sondern auf das Herz ansehen, das Ihnen — wart wie soll ich nun schreiben.

CHARLOTTE. Was weiß ich?

MARIE. So sag doch, wie heißt das Wort nun!

CHARLOTTE. Weiß ich denn, was du ihm schreiben willst.

MARIE. Daß mein Herz und — (*Fängt an zu weinen und wirft sich in den Lehnstuhl. Charlotte sieht sie an und lacht.*)

CHARLOTTE. Na, was soll ich ihm denn schreiben?

MARIE (*schluchzend*). Schreib was du willst.

CHARLOTTE (*schreibt und liest*). Daß mein Herz nicht so wankelmütig ist, als Sie es sich vorstellen — ist so recht?

MARIE (*springt auf und sieht ihr über die Schulter*). Ja, so ist's recht, so ist recht. (*Sie umhalsend.*) Mein altes Scharlottel du.

37

CHARLOTTE. Na, so laß Sie mich doch ausschreiben. (*Marie spaziert ein paarmal auf und ab, dann springt sie plötzlich zu ihr, reißt ihr das Papier unter dem Arm weg und zerreißt es in tausend Stücke.*)

CHARLOTTE (*in Wut*). Na, seht doch — ist das nicht ein Luder — eben da ich den besten Gedanken hatte — aber so eine Kanaille ist sie.

MARIE. *Canaille vous-même.*

CHARLOTTE (*droht ihr mit dem Tintenfaß*). Du —

MARIE. Sie sucht einen noch mehr zu kränken, wenn man schon im Unglück ist.

CHARLOTTE. Luder! Warum zerreißt du denn, da ich eben im besten Schreiben bin.

MARIE (*ganz hitzig*). Schimpf nicht!

CHARLOTTE (*auch halb weinend*). Warum zerreißt du denn?

MARIE. Soll ich ihm denn vorlügen? (*Fängt äußerst heftig an zu weinen und wirft sich mit dem Gesicht auf einen Stuhl.*)

(*Wesener tritt herein. Marie steht auf und fliegt ihm an den Hals.*)

MARIE (*zitternd*). Pappa, lieber Pappa, wie steht's — um Gotteswillen, red' Er doch.

WESENER. So sei doch nicht so närrisch, er ist ja nicht aus der Welt — Sie tut ja wie abgeschmackt —

MARIE. Wenn er aber fort ist —

WESENER. Wenn er fort ist, so muß er wiederkommen; ich glaube, sie hat den Verstand verloren und will mich auch wunderlich machen. Ich kenne das Haus seit länger als gestern, sie werden doch das nicht wollen auf sich sitzen lassen. Kurz und gut, schick herauf zu unserm Notarius droben, ob er zu Hause ist, ich will den Wechsel, den ich für ihn unterschrieben habe, vidimieren lassen, zugleich die Kopie von dem *promesse de mariage* und alles den Eltern schicken.

MARIE. Ach Papa, lieber Papa! Ich will gleich selber laufen und ihn holen. (*Läuft über Hals und Kopf ab.*)

WESENER. Das Mädel kann, Gott verzeih mir, einem *Louis quatorze* selber das Herz machen in die Hosen fallen. Aber schlecht ist das auch von *Monsieur le Baron*; ich will es bei seinem Herrn Vater schon für ihn kochen; wart' du nur. — Wo bleibt sie denn? (*Geht Marien nach.*)

VIERTE SZENE. *In Armentieres.*

(*Ein Spaziergang auf dem eingegangenen Stadtgraben.*) EISENHARDT (*und*) PIRZEL (*spazieren*).

EISENHARDT. Herr von Mary will das Semester in Lille zubringen, was mag das zu bedeuten haben? Er hat doch dort keine Verwandte, so viel ich weiß.

PIRZEL. Er ist auch keiner von denen, die es weghaben. Flüchtig, flüchtig — Aber der Obristleutnant, das ist ein Mann.

EISENHARDT (*beiseite*). Weh' mir, wie bring' ich den Menschen aus seiner Metaphysik zurück — (*Laut.*) Um den Menschen zu kennen, müßte man meines Erachtens bei dem Frauenzimmer anfangen.

(*Pirzel schüttelt mit dem Kopf.*)

EISENHARDT (*beiseite*). Was die andern zu viel sind, ist der zu wenig. O Soldatenstand, furchtbare Ehlosigkeit, was für Karikaturen machst du aus den Menschen!

PIRZEL. Sie meinen, beim Frauenzimmer — das wär' grad, als ob man bei den Schafen anfinge.

Nein, was der Mensch ist — (*Den Finger an der Nase.*)

EISENHARDT (*beiseite*). Der philosophiert mich zu Tode. (*Laut.*) Ich habe die Anmerkung gemacht, daß man in diesem Monat keinen Schritt vors Tor tun kann, wo man nicht einen Soldaten mit einem Mädchen karessieren sieht.

PIRZEL. Das macht, weil die Leute nicht denken.

EISENHARDT. Aber hindert Sie das Denken nicht zuweilen im Exerzieren?

PIRZEL. Ganz und gar nicht, das geht so mechanisch. Haben doch die andern auch nicht die Gedanken beisammen, sondern schweben ihnen alleweile die schönen Mädchens vor den Augen.

EISENHARDT. Das muß seltsame Bataillen geben. Ein ganzes Regiment mit verrückten Köpfen muß Wundertaten tun.

PIRZEL. Das geht alles mechanisch.

EISENHARDT. Ja, aber Sie laufen auch mechanisch. Die preußischen Kugeln müssen Sie bisweilen sehr unsanft aus Ihren süßen Träumen geweckt haben. (*Gehen weiter.*)

FÜNFTE SZENE. *In Lille.* (*Marys Wohnung.*)

MARY. STOLZIUS (*als Soldat*).

MARY (*zeichnet, sieht auf*). Wer da, (*sieht ihn lang an und steht auf*). Stolzius?

STOLZIUS. Ja, Herr.

MARY. Wo zum Element kommt Ihr denn her? und in diesem Rock? (*Kehrt ihn um.*) Wie verändert, wie abgefallen, wie blaß? Ihr könntet mir's hundertmal sagen, Ihr wärt Stolzius, ich glaube es Euch nicht.

STOLZIUS. Das macht der Schnurrbart, gnädiger Herr. Ich hörte, daß Ew. Gnaden einen Bedienten brauchten, und weil ich dem Herrn Obristen sicher bin, so hat er mir die Erlaubnis gegeben, hierher zu kommen, um allenfalls Ihnen einige Rekruten anwerben zu helfen, und Sie zu bedienen.

MARY. Bravo! Ihr seid ein braver Kerl! und das gefällt mir, daß Ihr dem König dient. Was kommt auch heraus bei dem Philisterleben. Und Ihr habt was zuzusetzen, Ihr könnt honett leben, und es noch einmal weit bringen, ich will für Euch sorgen, das könnt Ihr versichert sein. Kommt nur, ich will gleich ein Zimmer für Euch besprechen, Ihr sollt diesen ganzen Winter bei mir bleiben, ich will es schon gut machen beim Obristen.

STOLZIUS. So lang ich meine Schildwachten bezahle, kann mir niemand was anhaben. (*Gehen ab.*)

SECHSTE SZENE.

FRAU WESENER. MARIE. CHARLOTTE.

FRAU WESENER. Es ist eine Schande, wie sie mit ihm umgeht. Ich seh' keinen Unterschied, wie du dem Desportes begegnet bist, so begegnest du ihm auch.

MARIE. Was soll ich denn machen, Mama? Wenn er nun sein bester Freund ist, und er uns allein noch Nachrichten von ihm beschaffen kann.

CHARLOTTE. Wenn er dir nicht so viele Präsente machte, würdest du auch anders mit ihm sein.

MARIE. Soll ich ihm denn die Präsente ins Gesicht zurückwerfen? Ich muß doch wohl höflich mit ihm sein, da er noch der einzige ist, der mit ihm korrespondiert. Wenn ich ihn abschrecke, da wird schön Dings herauskommen, er fängt ja alle Briefe auf, die der Pappa an seinen Vater schreibt, das hört Sie ja.

FRAU WESENER. Kurz und gut, du sollst nun nicht ausfahren mit diesem, ich leid es nicht.

MARIE. So kommen Sie denn mit, Mama! er hat Pferd und Cabriolet bestellt, sollen die wieder zurückfahren?

FRAU WESENER. Was geht's mich an.

MARIE. So komm du denn mit, Lotte — Was fang ich nun an? Mamma, Sie weiß nicht, was ich alles aussteh um Ihrentwillen.

CHARLOTTE. Sie ist frech obendrein.

MARIE. Schweig du nur still.

CHARLOTTE (*etwas leise für sich*). Soldatenmensch!

MARIE (*tut als ob sie's nicht hörte, und fährt fort, sich vor dem Spiegel zu putzen*). Wenn wir den Mary beleidigen, so haben wir alles uns selber vorzuwerfen.

CHARLOTTE (*laut, indem sie schnell zur Stube hinausgeht*). Soldatenmensch!

MARIE (*kehrt sich um*). Seh' Sie nur, Mamma! (*Die Hände faltend.*)

FRAU WESENER. Wer kann dir helfen, du machst es darnach. (*Mary tritt herein.*)

MARIE (*heitert schnell ihr Gesicht auf. Mit der größten Munterkeit und Freundlichkeit ihm entgegen gehend*). Ihre Dienerin, Herr von Mary! Haben Sie wohl geschlafen?

MARY. Unvergleichlich, meine gnädige Mademoiselle! Ich habe das ganze gestrige Feuerwerk im Traum zum andernmal gesehen.

MARIE. Es war doch recht schön.

MARY. Es muß wohl schön gewesen sein, weil es Ihre Approbation hat.

MARIE. O, ich bin keine Connoisseuse von den Sachen, ich sage nur wieder, wie ich es von Ihnen gehört habe. (*Er küßt ihr die Hand, sie macht einen tiefen Knix.*) Sie sehen uns hier noch ganz in Rumor; meine Mutter wird gleich fertig sein.

MARY. Madam Wesener kommen also mit?

FRAU WESENER (*trocken*). Wieso? ist kein Platz für mich da?

MARY. O ja, ich steh hinten auf, und mein Casper kann zu Fuß vorangehen.

MARIE. Hören Sie, Ihr Soldat gleicht sehr viel einem gewissen Menschen, den ich ehemals gekannt habe, und der auch um mich angehalten hat.

MARY. Und Sie gaben ihm ein Körbchen. Daran ist auch der Desportes wohl schuld gewesen?

MARIE. Er hat mir's eingetränkt.

MARY. Wollen wir? (*Er bietet ihr die Hand, sie macht ihm einen Knix und winkt auf ihre Mutter, er gibt Frau Wesener die Hand, und sie folgt ihnen.*)

SIEBENTE SZENE. *In Philippeville.*

DESPORTES (*allein, ausgezogen, in einem grünen Zimmer, einen Brief schreibend, ein brennendes Licht vor ihm, brummt, indem er schreibt*). Ich muß ihr doch das Maul ein wenig schmieren, sonst nimmt das Briefschreiben kein Ende, und mein Vater fängt noch wohl gar einmal einen auf. (*Liest den Brief*): "Ihr bester Vater ist böse auf mich, daß ich ihn so lange aufs Geld warten lasse, ich bitte Sie, besänftigen Sie ihn, bis ich eine bequeme Gelegenheit finde, meinem Vater alles zu entdecken, und ihn zu der Einwilligung zu bewegen, Sie, meine Geliebte, auf ewig zu besitzen. Denken Sie, ich bin in der größten

Angst, daß er nicht schon einige von Ihren Briefen aufgefangen hat, denn ich sehe aus Ihrem letzten, daß Sie viele an mich müssen geschrieben haben, die ich nicht erhalten habe. Und das könnte uns alles verderben. Darf ich bitten, so schreiben Sie nicht eher an mich, als bis ich Ihnen eine neue Adresse geschickt habe, unter der ich die Briefe sicher erhalten kann." (*Siegelt zu.*) Wenn ich den Mary recht verliebt in sie machen könnte, daß sie mich vielleicht vergißt. Ich will ihm schreiben, er soll nicht von meiner Seite kommen, wenn ich meine anbetungswürdige Marie werde glücklich gemacht haben, er soll ihr Cicisbeo sein, wart nur. (*Spaziert einigemal tiefsinnig auf und nieder, dann geht er heraus.*)

ACHTE SZENE. *In Lille.* (*Der Gräfin La Roche Wohnung.*)

DIE GRÄFIN. EIN BEDIENTER.

GRÄFIN (*sieht nach ihrer Uhr*). Ist der junge Herr noch nicht zurückgekommen?

BEDIENTER. Nein, gnädige Frau.

GRÄFIN. Gebt mir den Hauptschlüssel, und legt Euch schlafen. Ich werde dem jungen Herrn selber aufmachen. Was macht Jungfer Cathrinchen?

BEDIENTER. Sie hat den Abend große Hitze gehabt.

GRÄFIN. Geht nur noch einmal hinein und seht, ob die Mademoisell auch noch munter ist. Sagt ihr nur, ich gehe nicht zu Bett, um ein Uhr werde ich kommen und sie ablösen. (*Bedienter ab.*)

GRÄFIN (*allein*). Muß denn ein Kind seiner Mutter bis ins Grab Schmerzen schaffen? Wenn

44

du nicht mein einziger wärst, und ich dir kein so
empfindliches Herz gegeben hätte. (*Man pocht.
Sie geht heraus und kommt wieder herein mit ihm.*)

JUNGE GRAF. Aber, gnädige Mutter, wo ist denn
der Bediente, die verfluchten Leute, wenn es nicht
so spät wäre, ich ließ den Augenblick nach der
Wache gehen und ihm alle Knochen im Leibe
entzweischlagen.

GRÄFIN. Sachte, sachte, mein Sohn. Wie, wenn
ich mich nun gegen dich so übereilte, wie du
gegen den unschuldigen Menschen.

JUNGE GRAF. Aber es ist doch nicht auszuhalten.

GRÄFIN. Ich selbst habe ihn zu Bette geschickt.
Ist's nicht genug, daß der Kerl den ganzen Tag
auf dich passen muß, soll er sich auch die
Nachtruhe entziehen um deinetwillen. Ich
glaube, du willst mich lehren die Bedienten
anzusehen wie die Bestien.

JUNGE GRAF (*küßt ihr die Hand*). Gnädige
Mutter!

GRÄFIN. Ich muß ernsthaft mit dir reden, junger
Mensch! Du fängst an mir trübe Tage zu
machen. Du weißt, ich habe dich nie einge-
schränkt, mich in alle deine Sachen gemischt,
als deine Freundin, nie als Mutter. Warum fängst
du mir denn jetzt an, ein Geheimnis aus deinen
Herzensangelegenheiten zu machen, da du doch
sonst keine deiner jugendlichen Torheiten vor
mir geheim hieltest, und ich, weil ich selbst ein
Frauenzimmer bin, dir allezeit den besten Rat
zu geben wußte? (*Sieht ihn steif an.*) Du fängst
an lüderlich zu werden, mein Sohn.

JUNGE GRAF (*ihr die Hand mit Tränen küssend*).
Gnädige Mutter, ich schwöre, ich habe kein
Geheimnis vor Ihnen. Sie haben mir nach dem
Nachtessen mit Jungfer Wesener begegnet, Sie
haben aus der Zeit und aus der Art, mit der wir

sprachen, Schlüsse gemacht — es ist ein armes Mädchen, und das ist alles.

GRÄFIN. Ich will nichts mehr wissen. Sobald du Ursache zu haben glaubst, mir was zu verhehlen — aber bedenk auch, daß du hernach die Folgen deiner Handlungen nur dir selber zuzuschreiben hast. Fräulein Anklam hat hier Verwandte, und ich weiß, daß Jungfer Wesener nicht in dem besten Ruf steht, ich glaube, nicht aus ihrer Schuld, das arme Kind soll hintergangen worden sein —

JUNGE GRAF (*kniend*). Eben das, gnädige Mutter! Eben ihr Unglück — wenn Sie die Umstände wüßten, ja, ich muß Ihnen alles sagen, ich fühle, daß ich einen Anteil an dem Schicksal des Mädchens nehme — und doch — wie leicht ist sie zu hintergehen gewesen, ein so leichtes, offenes, unschuldiges Herz — es quält mich, Mama! daß sie nicht in bessere Hände gefallen ist.

GRÄFIN. Mein Sohn, überlaß das Mitleiden mir. Glaube mir, (*umarmt ihn*) glaube mir, ich habe kein härteres Herz als du. Aber mir kann das Mitleiden nicht so gefährlich werden. Höre meinen Rat, folge mir. Um deiner Ruhe willen, geh' nicht mehr hin, reis' aus der Stadt, reis' zu Fräulein Anklam — und sei versichert, daß es Jungfer Wesener hier nicht übel werden soll. Du hast ihr in mir ihre zärtlichste Freundin zurückgelassen — versprichst du mir das?

JUNGE GRAF (*sieht sie lange zärtlich an*). Gut, Mama, ich verspreche Ihnen alles — Nur noch ein Wort, eh' ich reise. Es ist ein unglückliches Mädchen, das ist gewiß.

GRÄFIN. Beruhige dich nur. (*Ihm die Backen klopfend.*) Ich glaub dir's mehr, als du mir es sagen kannst.

JUNGE GRAF (*steht auf und küßt ihr die Hand*). Ich kenne Sie — (*Beide gehen ab.*)

46

FRAU WESENER. MARIE.

MARIE. Laß Sie nur sehn, Mama! Ich will ihn recht quälen.

FRAU WESENER. Ach geh doch, was? Er hat dich vergessen, er ist in drei Tagen nicht hier gewesen, und die ganze Welt sagt, er hab' sich verliebt in die kleine Madam Düval, da in der Brüßler Straße.

MARIE. Sie kann nicht glauben, wie kompläsant der Graf gegen mich ist.

FRAU WESENER. Ei was, der soll ja auch schon versprochen sein.

MARIE. So quäl ich doch den Mary damit. Er kommt den Abend nach dem Nachtessen wieder her. Wenn uns doch der Mary nur einmal begegnen wollte mit seiner Madam Düval!

(*Ein Bedienter tritt herein.*)

BEDIENTER. Die Gräfin La Roche läßt fragen, ob Sie zu Hause sind?

MARIE (*in äußerster Verwirrung*). Ach Himmel, die Mutter vom Herrn Grafen — Sag' Er nur — Mama, so sag' Sie doch, was soll er sagen?

(*Frau Wesener will gehen.*)

MARIE. Sag' Er nur, es wird uns eine hohe Ehre — Mama! Mama! so red' Sie doch.

FRAU WESENER. Kannst du denn das Maul nicht auftun? Sag' Er nur, es wird uns eine hohe Ehre sein — wir sind zwar in der größten Unordnung hier.

MARIE. Nein, nein, wart' Er nur, ich will selber an den Wagen herabkommen. (*Geht herunter mit dem Bedienten. Die alte Wesener geht fort.*)

47

ZEHNTE SZENE.

DIE GRÄFIN LA ROCHE (*und*) MARIE,
(*die wieder hereinkommen*).

MARIE. Sie werden verzeihen, gnädige Frau, es ist hier alles in der größten Rappuse.

GRÄFIN. Mein liebes Kind, Sie brauchen mit mir nicht die allergeringsten Umstände zu machen. (*Faßt sie an der Hand, und setzt sich mit ihr aufs Kanapee.*) Sehen Sie mich als Ihre beste Freundin an, (*sie küssend*) ich versichere Sie, daß ich den aufrichtigsten Anteil nehme an allem, was Ihnen begegnen kann.

MARIE (*sich die Augen wischend*). Ich weiß nicht, womit ich die besondere Gnade verdient habe, die Sie für mich tragen.

GRÄFIN. Nichts von Gnade, ich bitte Sie. Es ist mir lieb, daß wir allein sind, ich habe Ihnen viel, vieles zu sagen, das mir auf dem Herzen liegt, und Sie auch manches zu fragen. (*Marie sehr aufmerksam, die Freude in ihrem Gesicht.*) Ich liebe Sie, mein Engel! ich kann mich nicht enthalten, es Ihnen zu zeigen. (*Marie küßt ihr inbrunstvoll die Hand.*) Ihr ganzes Betragen hat so etwas Offenes, so etwas Einnehmendes, daß mir Ihr Unglück dadurch doppelt schmerzhaft wird. Wissen Sie denn auch, meine neue liebe Freundin, daß man viel, viel in der Stadt von Ihnen spricht?

MARIE. Ich weiß wohl, daß es allenthalben böse Zungen gibt.

GRÄFIN. Nicht lauter böse, auch gute sprechen von Ihnen. Sie sind unglücklich; aber Sie können sich damit trösten, daß Sie sich Ihr Unglück durch kein Laster zugezogen. Ihr einziger Fehler war, daß Sie die Welt nicht

48

kannten, daß Sie den Unterschied nicht kannten, der unter den verschiedenen Ständen herrscht, daß Sie die *Pamela* gelesen haben, das gefährlichste Buch, das eine Person aus Ihrem Stande lesen kann.

MARIE. Ich kenne das Buch ganz und gar nicht.

GRÄFIN. So haben Sie den Reden der jungen Leute zu viel getraut.

MARIE. Ich habe nur einem zuviel getraut, und es ist noch nicht ausgemacht, ob er falsch gegen mich denkt.

GRÄFIN. Gut, liebe Freundin! aber sagen Sie mir, ich bitte Sie, wie kamen Sie doch dazu, über Ihren Stand heraus sich nach einem Mann umzusehen. Ihre Gestalt, dachten Sie, könnte Sie schon weiter führen, als Ihre Gespielinnen; ach liebe Freundin, eben das hätte Sie sollen vorsichtiger machen. Schönheit ist niemals ein Mittel, eine gute Heirat zu stiften, und niemand hat mehr Ursache zu zittern, als ein schön Gesicht. Tausend Gefahren mit Blumen überstreut, tausend Anbeter und keinen Freund, tausend unbarmherzige Verräter.

MARIE. Ach, gnädige Frau, ich weiß wohl, daß ich häßlich bin.

GRÄFIN. Keine falsche Bescheidenheit. Sie sind schön, der Himmel hat Sie damit gestraft. Es fanden sich Leute über Ihren Stand, die Ihnen Versprechungen taten. Sie sahen gar keine Schwierigkeit, eine Stufe höher zu rücken; Sie verachteten Ihre Gespielinnen, Sie glaubten nicht nötig zu haben, sich andere liebenswürdige Eigenschaften zu erwerben, Sie scheuten die Arbeit, Sie begegneten jungen Mannsleuten Ihres Standes verächtlich, Sie wurden gehaßt. Armes Kind! Wie glücklich hätten Sie einen rechtschaffenen Bürger machen können, wenn Sie diese vortrefflichen Gesichtszüge, dieses

einnehmende bezaubernde Wesen mit einem
demütigen menschenfreundlichen Geist beseelt
hätten, wie wären Sie von allen Ihresgleichen
angebetet, von allen Vornehmen nachgeahmt
und bewundert worden. Aber Sie wollten von
Ihresgleichen beneidet werden. Armes Kind,
wo dachten Sie hin, und gegen welch ein elendes
Glück wollten Sie alle diese Vorzüge eintauschen?
Die Frau eines Mannes zu werden, der um
Ihrentwillen von seiner ganzen Familie gehaßt
und verachtet würde. Und einem so unglücklichen Hazardspiel zu Gefallen Ihr ganzes Glück,
Ihre ganze Ehre, Ihr Leben selber auf die Karte
zu setzen. Wo dachten Sie hinaus? Wo dachten
Ihre Eltern hinaus? Armes betrogenes, durch die
Eitelkeit gemißhandeltes Kind! (*Drückt sie an
ihre Brust.*) Ich wollte mein Blut hergeben, daß
das nicht geschehen wäre.

MARIE (*weint auf ihre Hand*). Er liebte mich aber.

GRÄFIN. Die Liebe eines Offiziers, Marie — eines
Menschen, der an jede Art von Ausschweifung,
von Veränderung gewöhnt ist, der ein braver
Soldat zu sein aufhört, sobald er ein treuer
Liebhaber wird, der dem König schwört, es nicht
zu sein und sich dafür von ihm bezahlen läßt.
Und Sie glaubten, die einzige Person auf der
Welt zu sein, die ihn, trotz des Zorns seiner
Eltern, trotz des Hochmuts seiner Familie, trotz
seines Schwurs, trotz seines Charakters, trotz
der ganzen Welt treu erhalten wollten? Das
heißt, Sie wollten die Welt umkehren. — — Und
da Sie nun sehen, daß es fehlgeschlagen hat, so
glauben Sie, bei andern Ihren Plan auszuführen
und sehen nicht, daß das, was Sie für Liebe bei
den Leuten halten, nichts als Mitleiden mit
Ihrer Geschichte oder gar was Schlimmers ist.
(*Marie fällt vor ihr auf die Knie, verbirgt ihr
Gesicht in ihrem Schoß und schluchzt.*) Entschließ

dich, bestes Kind! Unglückliches Mädchen, noch
ist es Zeit, noch ist der Abgrund zu vermeiden,
ich will sterben, wenn ich dich nicht herausziehe.
Lassen Sie sich alle Anschläge auf meinen Sohn
vergehen, er ist versprochen, die Fräulein
Anklam hat seine Hand und sein Herz. Aber
kommen Sie mit in mein Haus, Ihre Ehre hat
einen großen Stoß gelitten, das ist der einzige
Weg, sie wieder herzustellen. Werden Sie meine
Gesellschafterin, und machen Sie sich gefaßt, in
einem Jahr keine Mannsperson zu sehen. Sie
sollen mir meine Tochter erziehen helfen —
kommen Sie, wir wollen gleich zu Ihrer Mutter
gehen, und sie um Erlaubnis bitten, daß Sie mit
mir fahren dürfen.

MARIE (*hebt den Kopf rührend aus ihrem Schoß
auf*). Gnädige Frau — es ist zu spät.

GRÄFIN (*hastig*). Es ist nie zu spät, vernünftig zu
werden. Ich setze Ihnen tausend Taler zur
Aussteuer aus, ich weiß, daß Ihre Eltern
Schulden haben.

MARIE (*noch immer auf den Knien, halb rückwärts
fallend, mit gefalteten Händen*). Ach, gnädige
Frau, erlauben Sie mir, daß ich mich darüber
bedenke — daß ich alles das meiner Mutter
vorstelle.

GRÄFIN. Gut, liebes Kind, tun Sie Ihr Bestes —
Sie sollen Zeitvertreib genug bei mir haben, ich
will Sie im Zeichnen, Tanzen und Singen
unterrichten lassen.

MARIE (*fällt auf ihr Gesicht*). O gar zu, gar zu
gnädige Frau!

GRÄFIN. Ich muß fort — Ihre Mutter würde
mich in einem wunderlichen Zustand antreffen.
(*Geht schnell ab, sieht noch durch die Tür hinein
nach Marien, die noch immer wie im Gebet liegt.*)
Adieu, Kind! (*Ab.*)

51

VIERTER AKT

ERSTE SZENE

MARY. STOLZIUS.

MARY. Soll ich dir aufrichtig sagen, Stolzius, wenn der Desportes das Mädchen nicht heiratet, so heirate ich's. Ich bin zum Rasendwerden verliebt in sie. Ich habe schon versucht, mir die Gedanken zu zerstreuen, du weißt wohl, mit der Düval, und denn gefällt mir die Wirtschaft mit dem Grafen gar nicht, und daß die Gräfin sie nun gar ins Haus genommen hat, aber alles das — verschlägt doch nichts, ich kann mir die Narrheit nicht aus dem Kopf bringen.

STOLZIUS. Schreibt denn der Desportes gar nicht mehr?

MARY. Ei, freilich schreibt er. Sein Vater hat ihn neulich wollen zur Heirat zwingen und ihn vierzehn Tage bei Wasser und Brot eingesperrt — — (*Sich an den Kopf schlagend.*) Und wenn ich noch so denke, wie sie neulich im Mondschein mit mir spazieren ging, und mir ihre Not klagte, wie sie manchmal mitten in der Nacht aufspränge, wenn ihr die schwermütigen Gedanken einkämen, und nach einem Messer suchte.

(*Stolzius zittert.*)

MARY. Ich fragte, ob sie mich auch liebte. Sie sagte, sie liebte mich zärtlicher, als alle ihre Freunde und Verwandten, und drückte meine Hand gegen ihre Brust.

(*Stolzius wendet sein Gesicht gegen die Wand.*)

MARY. Und als ich sie um ein Schmätzchen bat, so sagte sie, wenn es in ihrer Gewalt stände, mich glücklich zu machen, so täte sie es gewiß. So aber müßte ich erst die Erlaubnis vom

Desportes haben. — (*Faßt Stolzius hastig an.*)
Kerl, der Teufel soll mich holen, wenn ich sie
nicht heirate, wenn der Desportes sie sitzen
läßt.

STOLZIUS (*sehr kalt*). Sie soll doch recht gut mit
der Gräfin sein.

MARY. Wenn ich nur wüßte, wie man sie zu
sprechen bekommen könnte. Erkundige dich
doch.

ZWEITE SZENE. *In Armentieres.*

DESPORTES (*in Prison*). HAUDY (*bei ihm*).

DESPORTES. Es ist mir recht lieb, daß ich in
Prison itzt bin, so erfährt kein Mensch, daß ich
hier sei.

HAUDY. Ich will den Kameraden allen verbieten,
es zu sagen.

DESPORTES. Vor allen Dingen, daß es nur der
Mary nicht erfährt.

HAUDY. Und der Rammler. Der ohnedem so ein
großer Freund von dir sein will, und sagt, er ist
mit Fleiß darum ein paar Wochen später zum
Regiment gekommen, um dir die Anziennität
zu lassen.

DESPORTES. Der Narr!

HAUDY. O hör, neulich ist wieder ein Streich mit
ihm gewesen, der zum Fressen ist. Du weißt, der
Gilbert logiert bei einer alten krummen schielen-
den Witwe, bloß um ihrer schönen Kusine willen.
Nun gibt er alle Wochen der zu Gefallen ein
Konzert im Hause, einmal besäuft sich mein
Rammler, und weil er meint, die Kusine schläft
dort, so schleicht er sich vom Nachtessen weg,
und nach seiner gewöhnlichen Politik obenauf in
der Witwe Schlafzimmer, zieht sich aus, und legt

53

sich zu Bette. Die Witwe, die sich auch den Kopf etwas warm gemacht hat, bringt noch erst ihre Kusine, die auf der Nachbarschaft wohnt, mit der Laterne nach Hause, wir meinen, unser Rammler ist nach Hause gegangen, sie steigt hernach in ihr Zimmer herauf, will sich zu Bett legen, und findet meinen Monsieur da, der in der äußersten Konfusion ist. Er entschuldigt sich, er habe die Gelegenheit vom Hause nicht gewußt, sie transportiert ihn ohne viele Mühe wieder herunter, und wir lachen uns über den Mißverstand die Bäuche fast entzwei. Er bittet sie und uns alle um Gottes willen, doch keinem Menschen was von der Historie zu sagen. Du weißt nun aber, wie der Gilbert ist, der hat's nun alles dem Mädel wieder erzählt, und die hat dem alten Weibe steif und fest in den Kopf gesetzt, Rammler wäre verliebt in sie. In der Tat hat er auch ein Zimmer in dem Hause gemietet, vielleicht um sie zu bewegen, nicht Lärm davon zu machen. Nun solltest du aber dein Himmelsgaudium haben, ihn und das alte Mensch in Gesellschaft beisammen zu sehen. Sie minaudiert und liebäugelt und verzerrt ihr schiefes runzlichtes Gesicht gegen ihn, daß man sterben möchte, und er mit seiner roten Habichtsnase und den stieren erschrockenen Augen — siehst du, es ist ein Anblick, an den man nicht denken kann, ohne zu zerspringen.

DESPORTES. Wenn ich wieder frei werde, soll doch mein erster Gang zum Gilbert sein. Meine Mutter wird nächstens an den Obristen schreiben, das Regiment soll für meine Schulden gutsagen.

DRITTE SZENE. *In Lille. Ein Gärtchen an der Gräfin La Roche Hause.*

DIE GRÄFIN (*in einer Allee*). Was das Mädchen haben mag, daß es so spät in den Garten hinausgegangen ist. Ich fürchte, ich fürchte, es ist etwas Abgeredtes. Sie zeichnet zerstreut, spielt die Harfe zerstreut, ist immer abwesend, wenn ihr der Sprachmeister was vorsagt — still, hör' ich nicht jemand — ja, sie ist oben im Lusthause, und von der Straße antwortet ihr jemand. (*Lehnt ihr Ohr an die grüne Wand des Gartens.*)

(*Hinter der Szene.*)

MARYS STIMME. Ist das erlaubt, alle Freunde, alles, was Ihnen lieb war, so zu vergessen?

MARIENS STIMME. Ach, lieber Herr Mary, es tut mir leid genug, aber es muß schon so sein. Ich versichere Ihnen, die Frau Gräfin ist die scharmanteste Frau, die auf Gottes Erdboden ist.

MARY. Sie sind ja aber wie in einem Kloster da, wollen Sie denn garnicht mehr in die Welt? Wissen Sie, daß Desportes geschrieben hat, er ist untröstlich, er will wissen, wo Sie sind, und warum Sie ihm nicht antworten?

MARIE. So? — Ach ich muß ihn vergessen, sagen Sie ihm das, er soll mich nur auch vergessen.

MARY. Warum denn? — Grausame Mademoiselle! ist das erlaubt, Freunden so zu begegnen?

MARIE. Es kann nun schon nicht anders sein — — Ach Herr Gott, ich höre jemand im Garten unten. Adieu, Adieu — Flattieren Sie sich nur nicht — (*Kommt herunter.*)

GRÄFIN. So, Marie! Ihr gebt euch Rendezvous?

MARIE (*äußerst erschrocken*). Ach, gnädige Frau — es war ein Verwandter von mir — mein

55

Vetter, und der hat nun erst erfahren, wo ich bin —

GRÄFIN (*sehr ernsthaft*). Ich habe alles gehört.

MARIE (*halb auf den Knieen*). Ach Gott! so verzeihen Sie mir nur diesmal.

GRÄFIN. Mädchen, du bist wie das Bäumchen hier im Abendwinde, jeder Hauch verändert dich. Was denkst du denn, daß du hier unter meinen Augen den Faden mit dem Desportes wieder anzuspinnen denkst, dir Rendezvous mit seinen guten Freunden gibst. Hätt' ich das gewußt, ich hätte mich deiner nicht angenommen.

MARIE. Verzeihen Sie mir nur diesmal!

GRÄFIN. Ich verzeih es dir niemals, wenn du wider dein eigen Glück handelst. Geh. (*Marie geht ganz verzweiflungsvoll ab.*)

GRÄFIN (*allein*). Ich weiß nicht, ob ich dem Mädchen ihren Roman fast mit gutem Gewissen nehmen darf. Was behält das Leben für Reiz übrig, wenn unsere Imagination nicht welchen hineinträgt, Essen, Trinken, Beschäftigungen ohne Aussicht, ohne sich selbstgebildetem Vergnügen sind nur ein gefristeter Tod. Das fühlt sie auch wohl, und stellt sich nur vergnügt. Wenn ich etwas ausfindig machen könnte, ihre Phantasie mit einer Klugheit zu vereinigen, ihr Herz, nicht ihren Verstand zu zwingen, mir zu folgen.

VIERTE SZENE. *In Armentieres.*

DESPORTES (*im Prison, hastig auf- und abgehend, einen Brief in der Hand*).

Wenn sie mir hierher kommt, ist mein ganzes Glück verdorben — zu Schand und Spott bei allen Kameraden. (*Setzt sich und schreibt.*) — — Mein Vater darf sie auch nicht sehen —

56

FÜNFTE SZENE. *In Lille. Weseners Haus.*

DER ALTE WESENER. EIN BEDIENTER
DER GRÄFIN.

WESENER. Marie fortgelaufen —! Ich bin des
Todes.

(*Läuft hinaus. Der Bediente folgt.*)

SECHSTE SZENE. *Marys Wohnung.*

MARY. STOLZIUS, (*der ganz bleich
und verwildert dasteht*).

MARY. So laßt uns ihr nachsetzen zum tausend
Element. Ich bin schuld an allem. Gleich lauf
hin und bring Pferde her.

STOLZIUS. Wenn man nur wissen könnte,
wohin —

MARY. Nach Armentieres. Wo kann sie anders
hin sein? (*Beide ab.*)

SIEBENTE SZENE. *Weseners Haus.*

FRAU WESENER (*und*) CHARLOTTE (*in Kappen*).
WESENER (*kommt wieder*).

WESENER. Es ist alles umsonst. Sie ist nirgends
ausfindig zu machen. (*Schlägt in die Hände.*)
Gott! — Wer weiß, wo sie sich ertränkt hat!

CHARLOTTE. Wer weiß aber noch, Papa —

WESENER. Nichts. Die Boten der Frau Gräfin
sind wiedergekommen, und es ist noch keine
halbe Stunde, daß man sie vermißt hat. Zu
jedem Tor ist einer herausgeritten, und sie kann
doch nicht aus der Welt sein in so kurzer Zeit.

ACHTE SZENE. *In Philippeville.*

DESPORTES JÄGER (*einen Brief von
seinem Herrn in der Hand.*)

O! Da kommt mir ja ein schönes Stück Wildbret
recht ins Garn hereingelaufen. Sie hat meinem
Herrn geschrieben, sie würde grad' nach Philippeville zu ihm kommen, (*sieht in den Brief*) zu Fuß
— o das arme Kind — ich will dich erfrischen.

NEUNTE SZENE. *In Armentieres.*

(*Ein Konzert im Hause der Frau Bischof. Verschiedene Damen im Kreise um das Orchester, unter
denen auch*) FRAU BISCHOF (*und ihre*) KUSINE.
(*Verschiedene Offiziere, unter denen auch*) HAUDY,
RAMMLER, MARY, DESPORTES, GILBERT, (*stehen
vor ihnen und unterhalten die Damen*).

MADEMOISELLE BISCHOF (*zu Rammler*). Und
Sie sind auch hier eingezogen, Herr Baron?

(*Rammler verbeugt sich stillschweigend,
und wird rot über und über.*)

HAUDY. Er hat sein Logis im zweiten Stock
genommen, grad gegenüber Ihrer Frau Base
Schlafkammer.

MADEMOISELLE BISCHOF. Das hab ich gehört.
Ich wünsche meiner Base viel Glück.

MADAME BISCHOF (*schielt und lächelt auf eine
kokette Art*). He, he, he, der Herr Baron wäre
wohl nicht eingezogen, wenn ihm nicht der
Herr von Gilbert mein Haus so rekummandiert
hätte. Und zum andern begegne ich allen meinen
Herren auf eine solche Art, daß sie sich nicht
über mich werden zu beklagen haben.

MADEMOISELLE BISCHOF. Das glaub ich, Sie
werden sich gut miteinander vertragen.

58

GILBERT. Es ist mit alledem so ein kleiner Haken unter den beiden, sonst wäre Rammler nicht hier eingezogen.

MADAME BISCHOF. So? (*Hält den Fächer vors Gesicht.*) He he he, seiter wenn denn, meinten Sie, Herr Gilbert, seiter wenn denn?

HAUDY. Seit dem letzten Konzertabend, wissen Sie wohl, Madame.

RAMMLER (*zupft Haudy*). Haudy!

MADAME BISCHOF (*schlägt ihn mit dem Fächer*). Unartiger Herr Major! müssen Sie denn auch alles gleich herausplappern.

RAMMLER. Madame! ich weiß garnicht, wie wir so familiär miteinander sollten geworden sein, ich bitte mir's aus —

MADAME BISCHOF (*sehr böse*). So, Herr? und Sie wollen sich noch mausig machen, und zum andern müßten Sie sich das noch für eine große Ehre halten, wenn eine Frau von meinem Alter und von meinem Charaktere sich familiär mit Ihnen gemacht hätte, und denk doch einmal, was er sich nicht einbildt, der junge Herr.

ALLE OFFIZIERS. Ach Rammler — Pfui Rammler — das ist doch nicht recht, wie du der Madam begegnest.

RAMMLER. Madame, halten Sie das Maul, oder ich brech Ihnen Arm und Bein entzwei, und werf Sie zum Fenster hinaus.

MADAME BISCHOF (*steht wütend auf*). Herr, komm Er — (*Faßt ihn am Arm.*) Den Augenblick komm Er, probier Er, mir was Leids zu tun.

ALLE. In die Schlafkammer, Rammler, sie fordert dich heraus.

MADAME BISCHOF. Wenn Er sich noch breit macht, so werf ich Ihn zum Hause heraus, weiß Er das. Und der Weg zum Kommandanten ist nicht weit. (*Fängt an zu weinen.*) Denk doch, mir in meinem eigenen Hause Impertinenzien zu sagen, der impertinente Flegel —

MADEMOISELLE BISCHOF. Nun still doch, Bäslein, der Herr Baron hat es ja so übel nicht gemeint. Er hat ja nur gespaßt, so sei Sie doch ruhig.

GILBERT. Rammler, sei vernünftig, ich bitte dich. Was für Ehre hast du davon, ein alt Weib zu beleidigen.

RAMMLER. Ihr könnt mir alle — (*Läuft hinaus.*)

MARY. Ist das nicht lustig, Desportes? Was fehlt dir? Du lachst ja nicht.

DESPORTES. Ich hab erstaunende Stiche auf der Brust. Der Katarrh wird mich noch umbringen.

MARY. Ist das aber nicht zum Zerspringen mit dem Original? Sahst du, wie er braun und blau um die Nase ward vor Ärgernis? Ein anderer würde sich lustig gemacht haben mit der alten Vettel.

(*Stolzius kommt herein und zupft Mary.*)

MARY. Was ist?

STOLZIUS. Nehmen Sie doch nicht ungnädig, Herr Leutnant! wollten Sie nicht auf einen Augenblick in die Kammer kommen?

MARY. Was gibt's denn? Habt Ihr wo was erfahren?

STOLZIUS (*schüttelt mit dem Kopf*).

MARY. Nun denn — (*geht etwas weiter vorwärts*) So sagt nur hier.

STOLZIUS. Die Ratten haben die vorige Nacht Ihr bestes Antolagen-Hemd zerfressen, eben als ich den Wäscheschrank aufmachte, sprangen mir zwei, drei entgegen.

MARY. Was ist daran gelegen? laßt Gift aussetzen.

STOLZIUS. Da muß ich ein versiegeltes Zettelchen von Ihnen haben.

MARY (*unwillig*). Warum kommt Ihr mir denn just jetzt?

STOLZIUS. Auf den Abend hab ich nicht Zeit, Herr Leutnant — ich muß heute noch bei der Lieferung von den Montierungsstücken sein.

MARY. Da habt Ihr meine Uhr, Ihr könnt ja mit meinem Petschaft zusiegeln. (*Stolzius tritt ab — Mary tritt wieder zur Gesellschaft.*)

(*Eine Symphonie hebt an.*)

DESPORTES (*der sich in einen Winkel gestellt hat, für sich*). Ihr Bild steht unaufhörlich vor mir — Pfui Teufel! fort mit den Gedanken. Kann ich dafür, daß sie so eine wird. Sie hat's ja nicht besser haben wollen. (*Tritt wieder zur andern Gesellschaft und hustet erbärmlich.*)

(*Mary steckt ihm ein Stück Lakritz in den Mund. Er erschrickt. Mary lacht.*)

ZEHNTE SZENE. *In Lille. Weseners Haus.*

FRAU WESENER. EIN BEDIENTER DER GRÄFIN.

FRAU WESENER. Wie? Die Frau Gräfin haben sich zu Bett gelegt vor Alteration? Vermeld' Er unsern untertänigsten Respekt der Frau Gräfin und der Fräulein, mein Mann ist nach Armentieres gereist, weil ihm die Leute alles im Hause haben versiegeln wollen wegen der Kaution, und er gehört hat, daß der Herr von Desportes beim Regiment sein soll. Und es tut uns herzlich leid, daß die Frau Gräfin sich unser Unglück so zu Herzen nimmt.

STOLZIUS (*geht vor einer Apotheke*
herum. Es regnet).

Was zitterst du? — Meine Zunge ist so schwach,
daß ich fürchte, ich werde kein einziges Wort
hervorbringen können. Er wird mir's ansehen —
Und müssen denn die zittern, die Unrecht leiden,
und die allein fröhlich sein, die Unrecht tun? —
— Wer weiß, zwischen welchem Zaun sie jetzt
verhungert. Herein, Stolzius. Wenn's nicht für
ihn ist, so ist's doch für dich. Und das ist ja alles,
was du wünschest — — (*geht hinein*).

FÜNFTER AKT

ERSTE SZENE. *Auf dem Wege nach Armentieres.*

WESENER (*der ausruht*).

Nein, keine Post nehm' ich nicht, und sollt ich
hier liegen bleiben. Mein armes Kind hat mich
genug gekostet, eh sie zu der Gräfin kam, das
mußte immer die Staatsdame gemacht sein, und
Bruder und Schwester sollen's ihr nicht vorzuwerfen haben. Mein Handel hat auch nun
schon zwei Jahr gelegen — wer weiß, was Desportes mit ihr tut, was er mit uns allen tut — denn
bei ihm ist sie doch gewiß. Man muß Gott
vertrauen — (*bleibt in tiefen Gedanken*).

ZWEITE SZENE.

MARIE (*auf einem andern Wege nach Armentieres*
unter einem Baum ruhend, zieht ein Stück trockenes
Brod aus der Tasche.

Ich habe immer geglaubt, daß man von Brot und
Wasser allein leben könnte. (*Nagt daran.*) O hätt'

ich nur einen Tropfen von dem Wein, den ich so
oft aus dem Fenster geworfen — womit ich mir
in der Hitze die Hände wusch — (*Kontorsionen*).
O das quält — — nun ein Bettelmensch — (*sieht
das Stück Brot an*). Ich kann's nicht essen, Gott
weiß es. Besser verhungern. (*Wirft das Stück
Brot hin, und rafft sich auf.*) Ich will kriechen, so
weit ich komme, und fall' ich um, desto besser.

DRITTE SZENE. *In Armentieres.*

Marys Wohnung.

MARY (*und*) DESPORTES (*sitzen beide ausgekleidet
an einem kleinen gedeckten Tisch*). STOLZIUS
(*nimmt Servietten aus*).

DESPORTES. Wie ich dir sage, es ist eine Hure
vom Anfang an gewesen, und sie ist mir nur
darum gut gewesen, weil ich ihr Präsenten
machte. Ich bin ja durch sie in Schulden
gekommen, daß es erstaunend war, sie hätte
mich um Haus und Hof gebracht, hätt' ich das
Spiel länger getrieben. Kurzum, Herr Bruder,
eh ich's mich versehe, krieg ich einen Brief von
dem Mädel, sie will zu mir kommen nach
Philippeville. Nun stell' dir das Spektakel vor,
wenn mein Vater die hätte zu sehen gekriegt.
(*Stolzius wechselt einmal ums andere die Servietten
um, um Gelegenheit zu haben, länger im Zimmer zu
bleiben.*) Was zu tun, ich schreib meinem Jäger,
er soll sie empfangen und ihr so lange Stuben-
arrest auf meinem Zimmer ankündigen, bis ich
selber wieder nach Philippeville zurückkäme und
sie heimlich zum Regiment abholte. Denn
sobald mein Vater sie zu sehen kriegte, wäre sie
des Todes. Nun mein Jäger ist ein starker
robuster Kerl, die Zeit wird ihnen schon lang
werden auf einer Stube allein. Was der nun aus
ihr macht, will ich abwarten, (*lacht höhnisch*) ich

hab' ihm unter der Hand zu verstehen gegeben, daß es mir nicht zuwider sein würde.

MARY. Hör', Desportes, das ist doch malhonett.

DESPORTES. Was malhonett, was willst du — Ist sie nicht versorgt genug, wenn mein Jäger sie heiratet? Und für so eine —

MARY. Sie war doch sehr gut angeschrieben bei der Gräfin. Und hol mich der Teufel, Bruder, ich hätte sie geheiratet, wenn mir nicht der junge Graf in die Quer gekommen wäre, denn der war auch verflucht gut bei ihr angeschrieben.

DESPORTES. Da hättest du ein schön Sauleder an den Hals bekommen. (*Stolzius geht heraus.*)

MARY (*ruft ihm nach*). Macht, daß der Herr seine Weinsuppe bald bekommt — Ich weiß nicht, wie es kam, daß der Mensch mit ihr bekannt ward, ich glaube gar, sie wollte mich eifersüchtig machen, denn ich hatte eben ein paar Tage her mit ihr gemault. Das hätt' alles noch nichts zu sagen gehabt, aber einmal kam ich hin, es war in den heißesten Hundstagen, und sie hatte eben wegen der Hitze nur ein dünnes, dünnes Röckchen von Nesseltuch an, durch das ihre schönen Beine durchschienen. So oft sie durchs Zimmer ging, und das Röckchen ihr so nachflatterte — hör', ich hätte die Seligkeit drum geben mögen, die Nacht bei ihr zu schlafen. Nun stell dir vor, zu allem Unglück muß den Tag der Graf hinkommen, nun kennst du des Mädels Eitelkeit. Sie tat wie unsinnig mit ihm, ob um mich zu schagrinieren, oder weil solche Mädchens gleich nicht wissen, woran sie sind, wenn ein Herr von hohem Stande sich herabläßt, ihnen ein freundlich Gesicht zu weisen. (*Stolzius kommt herein, trägt vor Desportes auf, und stellt sich totenbleich hinter seinen Stuhl.*) Mir ging's wie dem überglühenden Eisen, das auf einmal kalt wie Eis wird. (*Desportes schlingt die Suppe begierig in sich.*)

64

Aller Appetit zu ihr verging mir. Von der Zeit an hab' ich ihr nie wieder recht gut werden können. Zwar wie ich hörte, daß sie von der Gräfin weggelaufen sei.

DESPORTES (*im Essen*). Was reden wir weiter von dem Knochen? Ich will dir sagen, Herr Bruder, du tust mir einen Gefallen, wenn du mir ihrer nicht mehr erwähnst. Es ennuyiert mich, wenn ich an sie denken soll. (*Schiebt die Schale weg.*)

STOLZIUS (*hinter dem Stuhl, mit verzerrtem Gesicht*). Wirklich?

(*Beide sehen ihn an voll Verwunderung.*)

DESPORTES (*hält sich die Brust*). Ich kriege Stiche — Aye! —

Mary steif den Blick auf Stolzius geheftet, ohne ein Wort zu sagen.)

DESPORTES (*wirft sich in einen Lehnstuhl*). Aye! — (*mit Kontorsionen*) Mary! —

STOLZIUS (*springt hinzu, faßt ihn an den Ohren, und heftet sein Gesicht auf das seinige. Mit fürchterlicher Stimme*). Marie! — Marie! — Marie!

(*Mary zieht den Degen, und will ihn durchbohren.*)

STOLZIUS (*kehrt sich kaltblütig um und faßt ihm an den Degen*). Geben Sie sich keine Mühe, es ist schon geschehen. Ich sterbe vergnügt, da ich den mitnehmen kann.

MARY (*läßt ihm den Degen in der Hand und läuft heraus*). Hülfe! — Hülfe!

DESPORTES. Ich bin vergiftet.

STOLZIUS. Ja, Verräter, das bist du — und ich bin Stolzius, dessen Braut du zur Hure machtest. Sie war meine Braut. Wenn Ihr nicht leben könnt, ohne Frauenzimmer unglücklich zu machen, warum wendet Ihr Euch an die, die Euch nicht

65

widerstehen können, die Euch aufs erste Wort
glauben. — Du bist gerochen, meine Marie!
Gott kann mich nicht verdammen. (*Sinkt nieder.*)

DESPORTES. Hülfe! (*Nach einigen Verzuckungen
stirbt er gleichfalls.*)

VIERTE SZENE.

WESENER (*spaziert an der Lys in tiefen Gedanken.
Es ist Dämmerung. Eine verhüllte Weibsperson zupft
ihn am Rock.*)

WESENER. Laß Sie mich — ich bin kein Liebhaber von solchen Sachen.

DIE WEIBSPERSON (*mit halb unvernehmlicher
Stimme*). Um Gotteswillen, ein klein Almosen,
gnädiger Herr!

WESENER. Ins Arbeitshaus mit Euch. Es sind
hier der liederlichen Bälge die Menge, wenn man
allen Almosen geben sollte, hätte man viel zu tun.

WEIBSPERSON. Gnädiger Herr, ich bin drei Tage
gewesen, ohne einen Bissen Brot in den Mund
zu stecken, haben Sie doch die Gnade und führen
mich in ein Wirtshaus, wo ich einen Schluck
Wein tun kann.

WESENER. Ihr lüderliche Seele! schämt Ihr Euch
nicht, einem honnetten Mann das zuzumuten?
Geht, lauft Euern Soldaten nach.

(*Weibsperson geht fort, ohne zu antworten.*)

WESENER. Mich deucht, sie seufzte so tief. Das
Herz wird mir so schwer. (*Zieht den Beutel
hervor.*) Wer weiß, wo meine Tochter itzt
Almosen heischt. (*Läuft ihr nach, und reicht ihr
zitternd ein Stück Geld.*) Da hat Sie einen
Gulden — aber bessere Sie sich.

WEIBSPERSON (*fängt an zu weinen*). O Gott!
(*Nimmt das Geld und fällt halb ohnmächtig nieder.*)
Was kann mir das helfen?

WESENER (*kehrt sich ab und wischt sich die Augen. Zu ihr ganz außer sich*). Wo ist Sie her?

WEIBSPERSON. Das darf ich nicht sagen — Aber ich bin eines honetten Mannes Tochter.

WESENER. War Ihr Vater ein Galanteriehändler? (*Weibsperson schweigt stille.*)

WESENER. Ihr Vater war ein honetter Mann? — Steh Sie auf, ich will Sie in mein Haus führen. (*Sucht ihr aufzuhelfen.*)

WESENER. Wohnt Ihr Vater nicht etwan in Lille — (*Beim letzten Wort fällt sie ihm um den Hals.*)

WESENER (*schreit laut*). Ach meine Tochter!

MARIE. Mein Vater! (*Beide wälzen sich halbtot auf der Erde. Eine Menge Leute versammeln sich um sie, und tragen sie fort.*)

FÜNFTE UND LETZTE SZENE.

Des Obristen Wohnung.

DER OBRISTE GRAF VON SPANNHEIM.
DIE GRÄFIN LA ROCHE.

GRÄFIN. Haben Sie die beiden Unglücklichen gesehen? Ich habe das Herz noch nicht. Der Anblick tötete mich.

OBRISTER. Er hat mich zehn Jahre älter gemacht. Und daß das bei meinem Korps soll geschehen sein. — Aber gnädige Frau! was kann man da machen? Es ist das Schicksal des Himmels über gewisse Personen — Ich will dem Mann alle seine Schulden bezahlen und noch tausend Taler zur Schadloshaltung obenein. Hernach will ich sehen, was ich bei dem Vater des Bösewichts für diese durch ihn verwüstete und verheerte Familie auswirken kann.

GRÄFIN. Würdiger Mann! Nehmen Sie meinen heißesten Dank in diesen Tränen. Ich habe alles getan, das unglückliche Schlachtopfer zu retten — sie wollte nicht.

OBRISTER. Ich wüßt' ihr keinen anderen Rat, als daß sie Beguine würde. Ihre Ehre ist hin, kein Mensch darf sich, ohne zu erröten, ihrer annehmen. Obschon sie versichert, sie sei den Gewalttätigkeiten des verwünschten Jägers noch entkommen. O, gnädige Frau, wenn ich Gouverneur wäre, der Mensch müßte mir hängen —

GRÄFIN. Das beste liebenswürdigste Geschöpf — ich versichere Ihnen, daß ich anfing, die größten Hoffnungen von ihr zu schöpfen. (*Sie weint.*)

OBRISTER. Diese Tränen machen Ihnen Ehre, gnädige Frau! Sie erweichen auch mich. Und warum sollte ich nicht weinen, ich, der fürs Vaterland streiten und sterben soll, einen Bürger desselben durch einen meiner Untergebenen mit seinem ganzen Hause in den unvermeidlichsten Untergang gestürzt zu sehen.

GRÄFIN. Das sind die Folgen des ehlosen Standes der Herren Soldaten.

OBRISTER (*zuckt die Achseln*). Wie ist dem abzuhelfen? Wissen Sie denn nicht, gnädige Frau, daß schon Homer gesagt hat, ein guter Ehmann sie immer auch ein schlechter Soldat.

GRÄFIN. Ich habe allezeit eine besondere Idee gehabt, wenn ich die Geschichte der Andromeda gelesen. Ich sehe die Soldaten an wie das Ungeheuer, dem schon von Zeit zu Zeit ein unglückliches Frauenzimmer freiwillig aufgeopfert werden muß, damit die übrigen Gattinnen und Töchter verschont bleiben.

OBRISTER. Ihre Idee ist lange die meinige gewesen, nur habe ich sie nicht so schön gedacht. Der König müßte dergleichen Personen besolden, die sich auf die Art dem äußersten Bedürfnis seiner Diener aufopferten, denn kurz um, den

Trieb haben doch alle Menschen, dieses wären keine Weiber, die die Herzen der Soldaten feig machen könnten, es wären Konkubinen, die allenthalben in den Krieg mitzögen und allenfalls wie jene Medischen Weiber unter dem Cyrus die Soldaten zur Tapferkeit aufmuntern würden.

GRÄFIN. O, daß sich einer fände, diese Gedanken bei Hofe durchzutreiben! Dem ganzen Staat würde geholfen sein.

OBRISTER. Und Millionen Unglückliche weniger. Die durch unsere Unordnungen zerrüttete Gesellschaft würde wieder aufblühen und Fried' und Wohlfahrt aller und Ruhe und Freude sich untereinander küssen.

www.ingramcontent.com/pod-product-compliance
Ingram Content Group UK Ltd.
Pitfield, Milton Keynes, MK11 3LW, UK
UKHW042147280225
455719UK00001B/176